DE L'INDEMNITÉ AU FERMIER SORTANT

POUR LES AMÉLIORATIONS PROCURÉES PAR LUI AU FONDS LOUÉ

THÈSE

POUR

LE DOCTORAT

PAR

Ernest BEHAGHEL

L'Acte public sur le Sujet ci-dessus

SERA SOUTENU

Le Mardi 15 Juin 1897, à trois heures et demie.

JURY D'EXAMEN

Président : M. GUILLOUARD, Professeur.

Suffragants
{ M. Edmond VILLEY, Professeur, Doyen.
{ M. BOUVIER, Agrégé.

LILLE

A. TAFFIN-LEFORT, IMPRIMEUR, ÉDITEUR

1897

THÈSE

POUR

LE DOCTORAT

FACULTÉ DE DROIT DE CAEN

Année scolaire 1896-1897

DOYEN :

M. Edmond VILLEY (✳, I. ⚜), correspondant de l'Institut, membre du Conseil supérieur de l'Instruction publique.

PROFESSEURS :

MM. TOUTAIN (✳, I. ⚜), professeur de *Droit administratif*.

DANJON (I. ⚜), professeur de *Droit commercial* et de *Droit maritime*.

Edmond VILLEY (✳, I. ⚜), professeur d'*Économie politique* et d'*Histoire des doctrines économiques*.

LAISNÉ DES HAYES (☉, A. ⚜), professeur de *Droit romain*, chargé d'un cours de *Code civil*.

GUILLOUARD (I. ⚜, C. ✠), professeur de *Code civil*.

LEBRET (I. ⚜), professeur de *Code civil* (élu député du Calvados).

CABOUAT (I. ⚜), professeur de *Droit international public* et *privé*, et de *Législation industrielle*.

GAUCKLER (I. ⚜), professeur de *Droit romain*, chargé des cours de *Pandectes* et d'*Histoire du Droit public français* (DOCTORAT).

MARIE (I. ⚜), assesseur du doyen, professeur de *Droit criminel*, et chargé du cours d'*Histoire du Droit français* (DOCTORAT).

Ambroise COLIN (A. ⚜), professeur de *Code civil*, et chargé du cours d'*Éléments du Droit constitutionnel*.

BIVILLE (A. ⚜), professeur de *Procédure civile*, et chargé du cours d'*Histoire générale du Droit français* (LICENCE).

AGRÉGÉS :

MM. BOUVIER, chargé des cours de *Législation financière* et de *Droit constitutionnel comparé*.

DEBRAY, chargé d'un cours de *Droit romain*.

SECRÉTAIRE :

M. GILLET (I. ⚜), secrétaire du Conseil de l'Université de Caen.

DE L'INDEMNITÉ
AU FERMIER SORTANT

POUR LES AMÉLIORATIONS
PROCURÉES PAR LUI AU FONDS LOUÉ

THÈSE
POUR
LE DOCTORAT

PAR
Ernest BEHAGHEL

L'Acte public sur le Sujet ci-dessus
SERA SOUTENU
Le Mardi 15 Juin 1897, à trois heures et demie.

JURY D'EXAMEN

Président : M. GUILLOUARD, Professeur.

Suffragants
{ M. Edmond VILLEY, Professeur, Doyen.
{ M. BOUVIER, Agrégé.

LILLE
A. TAFFIN-LEFORT, Imprimeur, Éditeur

1897

A mon Père — A ma Mère

A ma Fiancée

A ma Famille

A mes Maitres

A mes Amis

INDEX BIBLIOGRAPHIQUE

Annuaire de Législation étrangère. (Année 1876, p. 196; et année 1884, p. 101.)

AUBRY et RAU. — *Cours de Droit civil français.* (T. II. Éd. Paris 1869. — T. IV. Éd. Paris 1871.)

BAUDRILLART. — *Les populations rurales du Nord de la France.* (*Revue des Deux Mondes* du 1ᵉʳ Septembre 1882.) — *Les Populations agricoles de la France.* (Éd. Hachette, Paris 1885.) — *Propriétaire et Fermier. Le Droit à l'indemnité de plus-value.* (*Journal des Économistes*, Août 1889.)

BEAUNE Henri. — *Droit coutumier français.* — *La Condition des biens.* (P. 299. Éd. Larose, Paris 1886.)

Belgique judiciaire (La). (Nº du 8 Mars 1894.)

BONNIER, ROUSTAIN et DUCAURROY. — *Comm. théorique et pratique du Code civil.* (Éd. Paris 1851.)

Bulletin de la Société des Agriculteurs de France. (Années 1873, 1890, 1891, 1892, 1896.)

Bulletin de la Société des Agriculteurs du Nord. (Année 1888.)

CHARONDAS. — *Pandectes ou Digestes du Droit français.* (Éd. Richer, Paris 1637.)

CIMBALI. — *La nuova fase del dritto civile.* (P. 190.)

COQUILLE. — *Œuvres.* T. II. — *Coutumes du Nivernais.* Ed. Bordeaux, 1703.

CUÉNOT Henri. — *Des constructions élevées par un locataire sur les lieux loués.* (Thèse. Paris 1892.)

DALLOZ. — *Recueil périodique.* — *Répertoire et supplément au Répertoire.* (Vᵇ Louage et Propriété.)

DELAPLANCHE. — *De la Location des biens ruraux à prix d'argent et à portion de fruits.* (P. 65, Thèse Droit romain, Paris 1889.)

DEMANTE. — *Cours analytique de Code Napoléon.* (T. I. et t. II. Éd. Paris 1853.)

DEMOLOMBE. — *Cours de Code civil.* (T. IX. Distinction des biens. Éd. Paris 1851.)

DESVAUX Georges. — *Du Louage de biens ruraux.* (P. 64, Thèse Droit romain. Éd. Paris 1893.)

Dictionnaire des Droits d'enregistrement. (V° Constructions.)

Documents parlementaires de la Chambre des Représentants de Belgique. (Session 1888-1889, p. 45 et 46.)

DOMAT. — *Lois civiles.* (Éd. Paris 1777.)

DURAND Louis. — *Le Crédit agricole en France et à l'Étranger.* (Éd. Paris 1891.)

DURANTON. — *Cours de Droit français.* (T. II. Éd. Mahoux, Liège 1831.)

DUVERGIER. — T. III. *Du Louage des choses.* (Éd. Paris 1836.)

EMION Victor. — *Le Fermier et la Loi.* (*Revue pratique de Droit français.* T. XXXV, 1873, p. 163.)

Enquête agricole. — Dispositions orales. (P. 19). — Documents généraux. (T. IV, p. 402.)

ESCORBIAC. — *Le Bail à ferme et l'Indemnité de plus-value.* (*Lois Nouvelles* 1889, p. 49.)

FACHIN. — *Controversiæ juris.* (Éd. 1626.)

FERRIÈRE. — *Dictionnaire de Droit et de Pratique.* (Éd. Brunet, Paris 1778.)

FROUT DE FONTERPUIS. — *La loi sur les tenures agricoles et la situation de la propriété foncière en Angleterre.* (*Journal des Économistes,* Août 1877.)

FUZIER-HERMAN. — *Art. 555, 1381 et Titre du Louage.*

GARSONNET. — *Histoire des Locations perpétuelles.* (Éd. Paris 1879.)

GIRARD. — *Manuel élémentaire de Droit romain,* p. 603. (Éd. Paris 1896.)

GRIVEL. — *Des constructions élevées par un locataire sur le terrain loué.* (*Revue pratique de Droit français.* XXXV, 1873, p. 289.)

GUILLOUARD. — *Traité du Contrat de Louage.* (Éd. Paris 1891.)

JANNET Claudio. — *Le socialisme d'État.* (Éd. Plon, Paris 1889.)

Journal d'Agriculture pratique. (Années 1870 et 1889.)

Journal de l'Agriculture. (1891. T. II, p. 729.)

Journal des Économistes. (Août et Novembre 1889, Mars 1890.)

Journal Officiel. — *Documents parlementaires de la Chambre des Députés :* 1887, annexes n° 1856 et 1692; 1888, annexes n° 2601, 2755 et 2978; 1889, annexes n° 79 et 118; 1893, annexe n° 164; 1894, annexe n° 287; 1895, annexe n° 1618.

LACOMBE Eugène. — *Du droit du fermier sortant à une indemnité.* (*Correspondant* du 25 juin et du 10 juillet 1890, p. 1132 et 159.)

LARCHER Emile. — *Traité théorique et pratique des constructions élevées sur le terrain d'autrui.* (Thèse. Paris 1894.)

LAURENT. — *Principes de Droit civil français.* (T. VI. Éd. Bruxelles 1871. — T. XXV. Éd. Bruxelles 1877.)

LEFORT Joseph. — *La condition de la propriété dans le Nord de la France. — Le droit de marché.* (Éd. Paris 1892.)

LEHR Ernest. — *Éléments de Droit civil anglais.* (P. 196, Éd. Larose, Paris 1885.)

LEPAGE. — *Lois des Bâtiments.* (T. II. Éd. Garnesy, Paris 1817.)

MARCADÉ (et Paul Pont). — *Explication théorique et pratique du Code Napoléon.* (Éd. Paris 1873.)

MASSÉ et VERGÉ. — *Le Droit civil français de Zachariae.* (Éd. Paris 1855.)

MICHEL Georges. — *L'indemnité au fermier sortant. — Les solutions proposées.* (*Économiste français* du 19 Avril 1890.)

Moniteur Belge (Le). 29 Avril 1884 et 25-26 juin 1894.

MORTARA. — *I Doveri della proprietà fondaria,* p. 133.

PARMENTIER Charles. — *La Législation anglaise sur l'indemnité de plus-value au fermier sortant.* (*Journal des Économistes,* Mars 1890.)

PATOU. — *Commentaire sur les coutumes de la ville de Lille.* (Tome II, titre XV. Éd. Dumortier, Lille 1788.)

POTHIER. — *Traité du Contrat de Louage.* (Éd. Paris 1771.) — *Traité du Domaine de propriété.* (Éd. Paris 1772.)

PRACHE Laurent. — *Étude sur la condition juridique et économique des fermiers.* (Éd. Larose, Paris 1882.)

PROUDHON. — *De l'Usufruit.* (T. III. Éd. Dijon 1836.)

SIREY. — *Recueil général des Lois et Arrêts.*

TOULLIER. — *Le Droit civil français.* (Éd. Stapleaux, Bruxelles 1824.)

TROPLONG. — *Commentaire des Titres de l'Échange et du Louage.* (Éd. Hingray, Paris 1852.)

INTRODUCTION

L'étude du droit du fermier sortant à une indemnité représentative de la plus-value apportée au fonds loué par les améliorations qu'il y a faites, soulève deux questions préjudicielles : 1° Que faut-il entendre ici par ce mot « amélioration ? » - 2° Quelles améliorations le fermier est-il en droit de faire de son plein gré sur les biens affermés ?

I. — Le mot « amélioration » éveille essentiellement une idée d'addition. Améliorer un immeuble, c'est y mettre quelque chose qui ne s'y trouvait pas auparavant et qui le rend meilleur, c'est-à-dire lui donne une plus-value. Une réparation ne constitue donc pas, selon nous, une amélioration dans le sens où nous prenons ici ce mot, car la réparation restitue, refait l'état ancien, mais ne crée rien de nouveau. Aussi, adopterons-nous cette définition de l'amélioration donnée par Proudhon : « Tout ouvrage qui fait » dans le fonds ou sur le fonds, en augmente le produit » ou la valeur ou les agréments sans avoir été nécessai- » rement entrepris pour rétablir ou entretenir l'héritage, ou » pour le conserver et en prévenir la perte (1). »

Nous sommes donc ainsi amené à exclure de notre étude les ouvrages qui sont de simple entretien, tels que les réparations nécessaires, c'est-à-dire celles ayant pour objet la conservation de l'immeuble (2), et les réparations locatives

(1) PROUDHON. — De l'Usufruit, t. III, n° 1337.

(2) *Impensæ necessariæ sunt, quæ si non factæ sunt, res peritura aut deterior futura sit.* — L. 79. D. 50. 1. 6.

faites par le fermier au bien loué; les unes et les autres n'engendrent d'ailleurs aucune difficulté quant au règlement d'indemnité : les premières devant toujours être remboursées au locataire (1), et les secondes restant à sa charge (art. 1720 C. civ.), à moins de conventions contraires possibles dans les deux cas.

Nous donnerons par contre le nom d'améliorations aux travaux suivants : ornementations, constructions, plantations, drainages, irrigations, défrichements dans certaines conditions, dessèchements, création de prairies, amendements, apports d'engrais et fumures. En résumé, nous appellerons améliorations les impenses utiles et voluptuaires faites sur le domaine loué; et nous refuserons ce nom aux impenses nécessaires.

II. — Dans quelles limites le fermier peut-il faire des améliorations sur les lieux loués, sans le consentement du propriétaire? Telle est la seconde question qu'il nous faut maintenant examiner.

Le Code civil, dans les articles du Titre du Louage, ne donne point une réponse explicite à cette question, mais il nous la fournit implicitement dans l'énumération des obligations imposées au preneur et au bailleur. D'un côté, en effet, le bailleur est obligé de laisser jouir le preneur; d'un autre côté celui-ci doit user de la chose en bon père de famille, suivant la destination qui lui a été donnée par le bail ou, à défaut de convention, suivant celle présumée d'après les circonstances, et de plus il doit la restituer dans l'état où il l'a reçue.

Approfondissons le caractère particulier de ces obligations respectives, nous pourrons ensuite déterminer facilement

---

(1) Le preneur, qui fait à la chose louée les travaux *nécessaires*, agit dans l'intérêt du propriétaire et doit conséquemment être remboursé de sa dépense. — Sic. POTHIER, Traité du Louage, nos 129 et 139). — DOMAT, Lois civiles, Louage, sect. 6, no 3. — PATOU, t. II, titre XV, art. 5, glose unique III. — GUILLOUARD, t. I, no 296. — TROPLONG, t. I, no 352. — MARCADÉ, sur les art. 1730 à 1732, no 1. — TOULLIER, t. III, no 130

le droit du preneur aux améliorations. Et tout d'abord, la jouissance du fonds que le propriétaire doit accorder à son fermier demande à être laissée beaucoup plus large que celle donnée au locataire d'une maison. Le preneur d'un immeuble rural et celui d'un immeuble urbain n'ont pas en effet poursuivi le même but en contractant le bail qui les lie au propriétaire, et celui-ci doit tenir compte au fermier du mobile qui l'a fait agir.

« Le fermage des terres, dit M. Duvergier s'appuyant sur
» l'autorité d'Adam Smith, se paie pour l'usage d'une chose
» productive; la terre qui le paie le produit; le loyer des
» maisons se paie pour l'usage d'une chose non productive,
» ni la maison ni le terrain sur lequel elle est assise ne
» produisent rien. Cette observation, poursuit le juris-
» consulte, indique avec autant de simplicité que de justesse
» le trait distinctif des baux à ferme et des baux à loyer. Le
» fermier d'un domaine rural loue un capital nécessaire au
» développement de son industrie; le locataire d'une maison
» ou d'un appartement se procure un objet de première
» nécessité, sans aucune pensée de spéculation. Il est donc
» naturel de permettre au premier tout ce qui peut rendre
» son entreprise profitable. Les changements et les modi-
» fications qui tendent à accroître les bénéfices de l'exploi-
» tation, étant des moyens d'atteindre le but de la conven-
» tion, doivent être tolérés et même encouragés; le droit du
» preneur, sous ce rapport, ne s'arrête qu'au moment où par
» l'effet de ses travaux, le capital qui lui est confié éprou-
» verait quelque détérioration, perdrait quelque chose de
» sa valeur intrinsèque ou de sa puissance productive. Évi-
» demment moins de faveur est due au locataire d'un appar-
» tement ou d'une maison; on ne peut lui laisser pour satis-
» faire des caprices, ou même pour accroître la commodité
» de son logement, autant de liberté qu'au fermier (1) »

Nous avons tenu à reproduire cette citation en entier, car elle nous semble bien indiquer la raison et en même temps

____

(1) Duvergier. — Louage, n° 105.

la mesure de la latitude qui doit être accordée au fermier : Il peut chercher à tirer le plus possible de produits des terres louées par lui; il appliquera son intelligence et son industrie à mettre en pratique tous les perfectionnements enseignés par la science agronomique moderne. S'il juge à propos de modifier un mode de culture, de faire divers ouvrages, d'apporter différents engrais, d'opérer certains travaux d'assainissement, le bailleur ne peut l'en empêcher, c'est un droit qu'il lui a reconnu en contractant avec lui, droit d'approprier les lieux à la destination pour laquelle ils lui ont été loués, c'est-à-dire droit d'aménager ses terres de façon à leur faire rendre leur maximum de rendement, tout en les cultivant en bon père de famille.

Autrefois, par exemple, la culture suivait un système d'assolement d'après lequel on laissait toujours en jachères un tiers des terres, de telle sorte qu'il n'y en avait jamais que deux tiers ensemencés, un tiers en grains d'hiver, un tiers en grains de mars. On appelait dessoler l'action de mettre à la fois en rapport toutes les terres de la ferme. Plus tard la science agricole, en s'éclairant des découvertes de la chimie et de la physique, acquit des notions plus précises et plus exactes sur la qualité comme sur la force des divers terrains, sur les moyens de soutenir, d'aider et d'augmenter même la fertilité du sol. On reconnut qu'il suffisait de varier par un choix habile les fruits demandés à la terre et que

> La terre ainsi repose en changeant de richesses.
> (DELILLE. — Trad. des Géorg.).

Il est évident que lorsqu'un fermier voulait alors retirer du sol, sans l'épuiser, les ressources déposées dans son sein par le Créateur, et mettait toutes les terres en culture, en un mot les dessolait, il n'était pas répréhensible, car il multipliait par cette amélioration la richesse agricole, augmentait sa propre aisance sans compromettre les forces productives du sol confié à sa vigilance, et remplissait ainsi fidèlement les obligations qui lui étaient imposées par son contrat (1).

Toutefois le fermier, simple détenteur précaire, tout en cultivant ses terres en bon père de famille, ne peut avoir sur elles les droits d'un bon père de famille qui en serait propriétaire, et nous trouvons ici le contrepoids de la liberté laissée à la jouissance du preneur. Certaines améliorations ne sont pas compatibles avec l'obligation par lui contractée de respecter l'état des lieux, de conserver à l'immeuble loué sa destination, c'est-à-dire que nous ne lui reconnaissons pas le droit d'opérer des changements contraires à la conservation de la substance de la chose louée, de sa forme caractéristique (2), alors même que le propriétaire n'éprouverait pas de préjudice.

Le droit de propriété est un droit absolu, et s'oppose à ce qu'un détenteur précaire puisse, sous les yeux du propriétaire et malgré lui, transformer la chose à sa volonté, la détourner de la destination convenue. Peu importe que les changements opérés soient des améliorations. Le propriétaire a le droit de les répudier. *Invito beneficium non datur.* Cette décision est d'ailleurs entièrement conforme à l'art. 1766 qui permet au bailleur d'un bien rural de faire résilier le bail si le preneur emploie la chose louée à un autre usage que celui auquel elle a été destinée.

Cette restriction étant posée, le fermier peut faire les transformations qui, sans altérer la forme de la chose, tendent seulement à l'améliorer ou en augmenter la valeur. « il est autorisé à exécuter sur les lieux loués les travaux « ou ouvrages propres à en accroître l'utilité, l'agrément ou « les produits (3). » En effet, la destination des lieux loués exige ces transformations qui rendent l'entreprise profitable et mettent la culture en harmonie avec le perfectionnement des procédés, les progrès de la science.

Appliquant ces principes dans un ordre pratique, nous

(1) Voir dans ce sens arrêt de la Cour d'Appel d'Orléans, 21 juillet 1877. S. 1877 II. 292.

(2) GUILLOUARD. — Traité du Louage, 288. I.

(3) AUBRY et RAU. t. IV, § 365. — 2° p. 570.

reconnaîtrons évidemment au fermier le droit de drainer les terres louées, d'y faire de profonds labours, de les irriguer, d'y introduire des engrais chimiques, en un mot d'exécuter tous les travaux susceptibles d'augmenter la fertilité du sol.

Devant respecter la destination donnée aux terres par le bailleur, le fermier ne pourra point, par exemple, de son plein gré, convertir une terre labourable en vigne ou en pré, ou réciproquement arracher une vigne pour semer du blé, — ou encore défricher un bois pour le tranformer en terres arables.

Le preneur pourra-t-il mettre en valeur des terrains qui étaient en friche avant le bail, ou encore dessécher un marais ? — Il faut répondre affirmativement (1) : d'une part, en effet, le fermier en agissant ainsi ne fait qu'user de son droit de jouissance, droit de retirer tous les produits possibles des terres qu'il a louées ; d'autre part, le bailleur ne peut pas s'y opposer sous prétexte que le preneur n'use pas de la chose louée suivant sa destination ; il ne peut arracher une vigne d'un champ pour y semer du blé parce que le bailleur a donné à ce champ la destination de produire du raisin et non d'autres récoltes, tandis que la terre en friche et le marais n'ont encore reçu aucune destination, leur utilité est latente pour ainsi dire, et « le « propriétaire, comme le disait déjà Pothier, en affermant « sa terre, est censé avoir compris dans le bail, non-seule- « ment les parties qui, lors du bail, produisaient des fruits, « mais toutes celles qui n'étant pas destinées à d'autres « usages, pourraient par l'industrie du fermier en produire. « Le vœu et l'intérêt du propriétaire-locateur, ajoutait avec « raison l'ancien jurisconsulte, étaient que le fermier pût « en défrichant ces terres encore en friche, leur faire « produire des fruits (2). »

Quant aux constructions, il faut reconnaître au fermier le droit d'élever toutes celles qui, sans dénaturer l'im-

(1) Sic. DUVERGIER.

(2) POTHIER. — Traité du Contrat de Louage, n° 279.

meuble, sont nécessaires ou tout au moins très utiles à sa jouissance. S'il juge convenable d'augmenter son cheptel, si par une culture intensive il augmente le rendement de ses terres et obtient des récoltes très abondantes, on ne peut lui refuser le droit de construire une étable ou une grange supplémentaire pour abriter son surcroît de bétail ou de récoltes; car ce surcroît est très légitime, c'est un moyen pris par lui de tirer de son exploitation le plus de bénéfices possibles.

Telles sont, selon nous, les limites dans lesquelles le fermier peut apporter des améliorations aux terres occupées par lui. Ces améliorations leur auront donné une plus-value; le fermier à l'expiration du bail, à sa sortie de la ferme, pourra-t-il réclamer au propriétaire une indemnité à raison de cette plus-value provenant de son fait? C'est tout le sujet de cette étude.

Nous la diviserons en trois chapitres.

Dans le premier chapitre, après avoir fait un historique succinct de la question, nous énumérerons les principaux documents parlementaires français qui y sont relatifs; puis nous exposerons les différentes opinions émises sur ce sujet par des Sociétés agricoles, et nous terminerons par quelques notions de Droit comparé.

Nous examinerons dans le second chapitre quels sont, à la fin du bail, les droits du fermier sur les constructions et plantations élevées par lui, c'est-à-dire sur les améliorations qui peuvent être enlevées.

Enfin le troisième chapitre sera consacré aux améliorations, de beaucoup les plus nombreuses, qui s'identifient avec le sol et n'en peuvent être séparées.

CHAPITRE PREMIER

De l'indemnité au fermier sortant.

Dans le Droit romain. — Dans l'ancien Droit. —
Dans le Droit moderne. — Devant les Chambres
françaises. — Devant les Sociétés agricoles. —
En Législation étrangère.

SECTION I

Droit romain.

Le bail à ferme était en honneur chez les Romains qui
professèrent toujours un grand amour pour l'agriculture;
les économistes de l'antiquité recommandaient ce contrat (1); les jurisconsultes romains en tracent les règles et
les conditions avec un soin minutieux, et nombreuses sont
leurs décisions sur ce sujet dans le Titre du Digeste *Locati
Conducti.*

Très peu de textes cependant ont trait directement à la
question qui nous occupe; nous n'en trouvons que trois

(1) COLUMELLE, lib. I, c. 7. « *In longinquis fundis in quos non est facilis
excursus patris familias, omne genus agri tolerabilius est sub liberis colonis,
quam sub villicis sercis habere.* » Voyez aussi GIBBON, t. III, p. 18.

dont le sens et la portée sont encore d'ailleurs l'objet de nombreuses controverses.

Le premier de ces textes est la loi 19, § 4 d'Ulpien, ainsi conçue : « *Si inquilinus ostium vel quædam alia ædi-*
» *ficio adjecerit; quæ actio locum habeat? Et est verius quod*
» *Labeo scripsit; competere ex conducto actionem, ut ei tol-*
» *lere liceat.*

» *Sic tamen ut damni infecti caveat; ne in aliquo, dum*
» *aufert, deteriorem causam ædium faciat; sed ut pristinam*
» *faciem ædibus reddat.* »

Le jurisconsulte suppose le cas d'un preneur qui a fait quelques additions à l'immeuble loué, et se demande quel droit il aura sur ces améliorations à la fin du bail. Il approuve la sentence de Labéon d'après lequel le bailliste pourrait enlever ce qu'il avait ainsi ajouté, à la condition toutefois que cet enlèvement ne causât pas de détérioration à l'édifice et que celui-ci pût être rendu dans l'état où il avait été reçu.

Nous aurons recours à ce texte pour essayer d'interpréter exactement la loi 55, § 1 du même titre, dont voici les termes : « *In conducto fundo si conductor suâ operâ aliquid*
» *necessario vel utiliter auxerit vel ædificaverit, vel institue-*
» *rit, quum id non convenisset; ad recipienda ea quæ im-*
» *pendit ex conducto cum domino fundi experiri potest.* »

Quelques juristes de l'Ancien Droit s'appuyaient sur cette loi pour décider que le preneur devait être indemnisé par le locateur pour les améliorations apportées par lui à la chose louée (1); mais on leur opposait, avec assez de

(1) Godefroy donne cette interprétation, — Il traduit « *ad recipienda quæ impendit* » par ces mots « pour recouvrer ses impenses; » tandis que Pothier dans ses Pandectes interprétait cette même phrase de la façon suivante : *quod eo sensu accipe, non ut impensæ ipsi restituuntur, sed ut ipse impensas tollere possit.*

raison selon nous, que ces mots « *ad recipienda ea quæ impendit* » ne désignent pas le droit de réclamer une indemnité, mais bien plutôt le droit d'enlever (*recapere*) les choses ajoutées. Cette solution est d'ailleurs conforme à l'avis d'Ulpien qui permet aussi au preneur de reprendre ses améliorations.

L'opinion contraire qui voudrait voir dans la loi 55 le fondement du droit du preneur à une indemnité pour améliorations, croit trouver la confirmation de son interprétation dans une autre loi du même titre du Digeste, la loi 61e :
« *Colonus, quum lege locationis non esset comprehensum ut*
» *vineas poneret, nihilominus in fundum vineas instituit ; et*
» *propter earum fructum, denis amplius aureis annuis ager*
» *locari cœperat. Quæsitum est, si dominus istum colonum*
» *fundi ejectum pensionum debitarum nomine conveniat, an*
» *sumptus utiliter factos in vineis instituendis reputare pos-*
» *sit, opposita doli mali exceptione? Respondit : Vel expen-*
» *sas consecuturum, vel nihil amplius præstaturum.* »

Cette loi n'envisage point le même cas que la loi 55 précitée. Elle suppose, en effet, qu'un fermier a planté des vignes sans y être obligé ; que le propriétaire a augmenté le fermage à cause du produit de ce nouveau vignoble, et qu'enfin il congédie le fermier en exigeant de lui le fermage ainsi augmenté. — Celui-ci lui demande alors en retour de cette augmentation de prix, l'indemnité des dépenses qu'il a faites pour la plantation de la vigne. « Assurément, comme
» le dit M. Troplong, il ne fallait pas avoir le génie précis
» et sagace de Scœvola pour répondre que l'indemnité ne
» pouvait être refusée (1). »

Ce n'est pas l'amélioration elle-même qui sert de base

(1) Troplong. — Du Louage, t. I, n° 355.

ici à l'indemnité, mais bien l'augmentation du fermage, et cette loi 61 prouve au contraire que le propriétaire qui n'exige point du preneur une augmentation de prix n'est obligé de lui payer aucune indemnité pour les travaux non nécessaires qu'il a faits sur le fonds.

En résumé, de l'ensemble de ces textes assez obscurs et controversés, il semble ressortir que le Droit romain ne reconnaissait pas au fermier le droit à une indemnité pour les améliorations qu'il avait apportées au domaine affermé, mais qu'il lui permettait seulement de retirer tout ce qui pouvait être enlevé sans dommage pour l'immeuble. Peut-être cependant pouvait-on lui accorder une *condictio sine causa* basée sur l'enrichissement sans cause du bailleur, bien qu'il y eût, comme le fait remarquer M. Girard, de nombreux cas où une personne se trouvait enrichie aux dépens d'une autre, sans que la seconde eût contre la première d'action en indemnité (1).

(1) V. GIRARD. — Manuel élémentaire de Droit romain, p. 605 et note 2 de la même page.

SECTION II

Ancien Droit.

Avant d'étudier la question de l'indemnité de plus-value dans le bail à ferme, à l'époque de l'Ancien Droit, il nous paraît convenable de l'examiner rapidement dans un mode de tenure, d'un usage alors très fréquent et ayant de grandes analogies avec le bail, dans l'emphytéose. Cette manière de procéder est d'ailleurs tout à fait rationnelle, car s'il est un contrat où il peut s'agir d'améliorations, c'est bien le bail emphytéotique dont le but même fut à l'origine la bonification des terres stériles.

Voyons donc comment y était réglé, à la cessation du contrat, le sort des améliorations effectuées par l'emphytéote.

Tout d'abord celui-ci était obligé de livrer au propriétaire et sans indemnité celles qu'il s'était engagé à faire lors de la constitution de l'emphytéose. Mais s'il en avait fait spontanément, de sa propre initiative, avait-il le droit d'en réclamer la valeur?

Coquille écrit à ce propos, sur l'art. 15 du chap. VI de la Coutume du Nivernais : « A bonne raison on disait que
» le preneur emphytéote ne pouvait ôter ni démolir ce
» qu'il avait planté ou édifié : comme ayant fait ce à quoy
» il était obligé par contrat onéreux. Mais s'il a fait des
» amandements et méliorations de sa volonté, sans y être
» tenu, et outre son devoir, je croy qu'il en peut disposer
» librement : pourvu que ce ne soit pas forme de mauvais

» ménage, ny en fraude : mais pour sa commodité parti-
» culière, et en remettant par le bordelier l'héritage
» auquel il ferait la démolition en son premier et bon
» état.... La question a été agitée quand l'héritage borde-
» lier retourne au seigneur, si le détenteur ou son héritier
» recouvre les méliorations qu'il a faites (ce que j'entends
» des méliorations faites outre ce que le détenteur expres-
» sément ou tacitement comme dessus), la commune dis-
» tinction des docteurs est si l'héritage retourne au seigneur
» par la coulpe du détenteur, qu'il perd ses méliorations :
» si par défaillance de ligne, que l'héritier les doit recou-
» vrer.... Toutefois si ce détenteur bordelier se trouvait
» débiteur non solvable, et il eût amandé l'héritage outre
» ce qu'il était tenu par la loi du bail, ou par la coutume,
» j'estime que les créanciers dudit bordelier, ou autres
» ayant intérêt devraient avoir leur recours contre le sei-
» gneur, jusqu'à concurrence de la valeur de l'amande-
» ment fait par le bordelier, outre ce qu'il était tenu,
» soit que le bordelage retourne à faute d'hoir, ou par
» commise (1). »

Dans le même sens, nous lisons dans Domat : « Si l'em-
» phytéote avait fait des améliorations dans le fonds, et
» qu'il en soit expulsé faute de paiement des arrérages de
» la rente, il ne pourra prétendre de remboursement de ses
» dépenses. Car l'héritage lui avait été donné à condition
» de l'améliorer. Mais il est de la prudence du juge, selon
» la qualité des améliorations et les autres circonstances,
» d'accorder un délai raisonnable, pour mettre l'emphy-
» téote en état ou de payer et retenir le fonds ou de pou-
» voir le vendre (2). »

(1) Œuvres de COQUILLE. T. II. Coutumes du Nivernais, ch. VI. Des Bordelages, art. XV, p. 109.

(2) DOMAT. — Lois civiles. Du Louage, livre I, p. 75, XI.

Il semblerait donc résulter de ces divers textes que lorsque l'emphytéose se terminait d'elle-même, l'emphytéote pouvait retirer ses améliorations ; mais que lorsqu'elle tombait en commise et se résolvait par la faute du preneur, celui-ci perdait toutes ses améliorations indistinctement, et ne pouvait ni les répéter, ni en demander le remboursement (1).

Néanmoins la question était vivement controversée (2). Elle était non moins agitée quand, au lieu d'être réglée vis-à-vis de l'emphytéote à fin de contrat, elle devait l'être à l'égard du fermier sortant.

Domat, dans ce cas, admettait le droit à une indemnité au moins restreinte : « Si un fermier, dit-il, a fait des » améliorations dont il ne fût pas tenu, comme s'il a » planté une vigne ou un verger, ou qu'il en fait d'autres » semblables qui aient augmenté le revenu, il les recou- » vrera suivant la règle expliquée en l'art. 17 de la Sec- » tion 10 du Contrat de Vente (3) », et il invoque les lois 55 et 61 du Digeste citées plus haut. Quant à l'art 17 auquel Domat nous renvoie, il est ainsi conçu : « Dans » l'estimation des dépenses faites par l'acquéreur d'un » héritage pour l'améliorer, comme s'il y a fait un plant, il » faut compenser avec ces dépenses les fruits provenus de » l'amélioration et qui auront augmenté le revenu de cet » héritage. De sorte que si les jouissances de ces fruits » acquittent le principal et les intérêts des avances faites » pour améliorer, il n'en sera point dû de remboursement, » car il suffit à l'acheteur qu'il ne perde rien. Et si les

(1) TROPLONG. — Du Louage, t. I, p. 172.

(2) ARGOU. — Intr. au Droit français, livre III, ch. xxviii. — Henri BEAUNE, Droit coutumier français. La condition des biens, p. 299.

(3) DOMAT. — Les Lois civiles. — Du Louage, livre I, p. 70, V.

» jouissances sont moindres, il recouvrera le surplus de
» ces avances en principal et en intérêts, car il ne doit rien
» perdre. Mais si les jouissances excèdent ce qui pourrait
» lui être dû de remboursement, il en profitera. »

D'après Domat, la situation du fermier doit donc être
assimilée à celle de l'acquéreur évincé, et le droit d'indemnité est subordonné à deux conditions : il faut que la
dépense ait produit une plus-value, et de plus qu'à l'expiration du bail cette dépense n'ait pas encore été compensée intégralement par les fruits recueillis en surcroît.

La même doctrine avait été professée par le président
Favre (1). On peut encore citer parmi les partisans de
Domat, Charondas qui s'exprime ainsi : « Si le locataire
» ou fermier a fait quelques réparations utiles ou nécessaires sur la maison ou héritage qu'il tient à loyer, il les
» pourra répéter et demander aux locateurs, ou bien les
» déduire et rabattre sur les loyers qu'il devra (2). » Toutefois Charondas restreignait le droit de répétition ou d'indemnité à l'hypothèse de réparations, améliorations et
impenses perpétuelles.

Nous trouvons encore une opinion semblable énoncée par
Patou dans son *Commentaire sur les Coutumes de la ville
de Lille* : « C'est à la sortie du locataire, dit-il, qu'on
» discute les ouvrages utiles ou voluptuaires qu'il a faits
» dans la maison ; alors l'héritier doit déclarer s'il les
» retient ou point ; s'il déclare de les retenir, il en doit
» payer la valeur au dire d'experts, sur le pied d'une estimation à emporter ; si au contraire il déclare de ne les
» point retenir, il est permis au locataire de les emporter ;

(1) FAVRE. — Ration. ad Pand. sur la loi 55 § 1. — *Id.* FACHIN, Cont. lib. 1,
cap. 85.
(2) CHARONDAS. — Pandectes françaises, p. 318.

» mais en les emportant, il doit rétablir la maison dans le
» même état où elle était avant ces ouvrages (1). » Quant
aux droits du fermier sur les pailles et fumiers laissés par
lui, voici ce que décidait ce jurisconsulte : « Il y a deux
» cas où le fermier sortant a le droit de prétendre l'esti-
» mation des pailles et fumiers qu'il laisse : le premier cas,
» c'est lorsque le bail lui en donne le droit par une stipu-
» lation expresse, et le second lorsqu'à son entrée, il a payé
» le prix de ceux qu'il a trouvés, » et encore « au cas où
» le propriétaire reprend pour son propre usage la cense et
» les terres qu'il a données en bail, les pailles et fumiers
» lui reviennent sans en payer la valeur; il ne doit que
» les fers ou fumures, labours, semences et autres amélio-
» rations (2), » enfin « si le fermier, dit Patou, avait planté
» à ses frais des arbres sur le fonds de son maître, les
» arbres et leur accroissement appartiendraient au maître,
» en payant et restituant par celui-ci au fermier le prix de
» la plante et de la main d'œuvre (3). »

Une opinion contraire aux précédentes fut soutenue par
Pothier qui faisait une distinction dans l'examen de cette
question : L'amélioration est-elle susceptible d'enlèvement,
est-ce une construction nouvelle, une plantation, le fermier
n'aura que le droit de l'enlever sans dégrader l'immeuble;
l'amélioration au contraire s'est-elle identifiée à l'immeuble
avec lequel elle fait corps, le propriétaire la gardera pour lui
sans payer aucune indemnité au fermier. Voici d'ailleurs
les propres termes de Pothier : « A l'égard des impenses

(1) Patou. — Commentaire sur les coutumes de la ville de Lille, t. II, titre XV, art. 6, glose unique, § 5.

(2) Patou. — Commentaire sur les coutumes de la ville de Lille, t. II, titre XV, art. 9, glose II, § 50 et 51.

(3) Patou. — *Ibid.* t. II, titre XV, art. 9, glose II. § 61.

» seulement utiles qu'un locataire aurait faites, il ne peut
» pas s'en faire rembourser par le locateur qui n'a point
» donné ordre de les faire ; mais il doit au moins être
» permis à ce locataire d'enlever à la fin du bail tout ce
» qu'il pourra enlever, en rétablissant les choses à ses
» dépens dans l'état où elles étaient, en sorte que la maison
» n'en reçoive aucun dommage (1). » Et c'est la loi 19 § 4
du Digeste qui sert de point d'appui à ce jurisconsulte.

Nous pouvons encore citer dans le même sens la décision
suivante de Ferrière : « Arbres plantés par un fermier
» n'appartiennent point au propriétaire du fonds, parce
» qu'il ne les a pas plantés pour qu'ils y restent, mais
» pour les vendre et les emporter à la fin de son bail (2). »

Quant aux tribunaux, ils se sont peu prononcés sur cette
question. Toutefois il semble qu'au xviii° siècle, tout au
moins, la jurisprudence consacra la doctrine de Pothier,
car Lepage cite dans son *Commentaire sur la Loi des Bâtiments* un arrêt du Parlement de Paris formulant ce principe général « que le locataire d'une maison qui, pendant
» sa jouissance, a exécuté des travaux d'une utilité certaine,
» ne saurait, en droit, exiger du propriétaire et en raison
» de ces travaux une indemnité quelconque (3). » Cet
arrêt statuait, il est vrai, sur des tapisseries et des peintures mises par un locataire, améliorations non susceptibles
d'enlèvement s'appliquant seulement à une maison, mais
la décision eût été certainement la même dans l'hypothèse
d'améliorations de même nature apportées à un fonds de
terre. D'un autre côté, en ce qui regarde les améliorations
susceptibles d'enlèvement, nous trouvons rapporté par

(1) POTHIER. — Du Louage, n° 131.
(2) FERRIÈRE. — Dictionnaire de Droit — V° arbres, p. 111.
(3) Lois des bâtiments, t. II, p. 188 et 189.

Brillon (V° arbres n° 5) un arrêt du Parlement de Rennes du 17 octobre 1575 qui autorise un fermier à emporter des arbres qu'il avait plantés dans le fonds tenu à ferme.

Il apparaît donc que, dans la dernière période de l'Ancien Droit, le locataire emportait à la fin du bail les améliorations provenant de son fait, et pouvant être enlevées ; quant à celles qui s'incorporaient à l'héritage d'une manière adéquate et indissoluble, elles ne lui donnaient droit à aucune indemnité.

SECTION III

Droit Moderne.

§ 1. — Code civil.

Les rédacteurs du Code civil ne semblent pas s'être préoccupés de cette grave question qui divisait les plus grands maîtres de l'Ancien Droit. Nous ne trouvons dans le Titre du Louage aucun article relatif au règlement en fin de bail des impenses faites par le preneur sur l'héritage loué, alors qu'au contraire les règlements de même genre entre le propriétaire d'un immeuble et les autres détenteurs précaires ont été minutieusement prévus et ordonnés. C'est ainsi que les articles 861, 1375, 1381 et 1673 du Code civil donnent, s'il y a lieu, une action en indemnité au donataire d'un immeuble sujet à rapport contre les héritiers, au gérant d'affaires contre le géré, au possesseur de mauvaise foi contre le propriétaire, à l'acheteur à réméré contre le vendeur.

Si le législateur de 1804 n'a pas accordé la même action au preneur contre le bailleur, ce n'est pas, comme certains le prétendent, par suite d'un inexplicable oubli de sa part; cette omission a certainement était voulue par lui. Doit-on lui en savoir gré, ou faut-il au contraire le lui reprocher? C'est ce que nous verrons plus tard.

§ 2. — Doctrine.

Bien que la doctrine n'ait pas gardé absolument le

même silence, elle nous offre pourtant peu de lumières sur la question.

Nous trouvons d'abord un adversaire de Domat, c'est-à-dire du droit du preneur à une indemnité, dans Toullier qui s'exprime ainsi : « L'art. 555 ne peut s'appliquer au
» fermier qui a fait des plantations, constructions et autres
» impenses, sans consulter le propriétaire. Le Code ne
» nous donne point de régles pour décider les questions
» qui peuvent s'élever en ce cas, et sur lesquelles les
» auteurs ne s'accordent pas. Nous pensons avec Pothier
» que le fermier ne peut exiger que le prix des impenses
» nécessaires; quant aux impenses utiles, il ne peut s'en
» faire rembourser par le propriétaire qui n'a point donné
» ordre de les faire, et qui ne peut être contraint à les
» racheter; mais à la fin du bail, le fermier peut enlever
» tout ce qui peut l'être, sans nuire à l'héritage, en réta-
» blissant les choses dans l'état où elles étaient (1). »

Troplong partage cet avis, du moins en ce qui concerne les améliorations non susceptibles d'enlèvement. « En
» thèse ordinaire, dit-il, le preneur reste sans action. C'est
» ici qu'il est permis de supposer avec raison qu'il a fait
» don à l'immeuble des additions qu'il savait ne pouvoir
» en détacher (2). »

Quant aux améliorations qui sont susceptibles d'être enlevées, « le preneur, dit Troplong, peut en opérer le
» retrait pourvu qu'il laisse la chose dans son état pri-
» mitif. L'article 555 du Code civil, ajoute-t-il, nous offre
» ici un argument très concluant. Quoiqu'il ne soit pas
» fait pour l'espéce précise qui nous occupe, il offre cepen-

(1) TOULLIER. -- Droit civil, t. III, n° 130.
(2) TROPLONG. — Du Louage, t. I, n° 355.

» dant, entre toutes les dispositions du Code, celle qui a
» le plus d'analogie avec notre sujet (1). »

Dalloz critique l'opinion de Toullier, mais au point de
vue de l'équité seulement, en droit il l'approuve : « Lorsque
» l'amélioration n'est pas susceptible d'enlèvement, dit-il,
» l'équité fait sans doute un devoir au propriétaire d'in-
» demniser le preneur des dépenses qu'il a faites. Mais
» nous n'avons à nous occuper que du droit strict,
» et en droit cette indemnité n'est pas due. Le preneur ne
» saurait obliger le propriétaire à faire contre son gré des
» dépenses ; si pour son propre intérêt et bien qu'il n'y
» soit pas obligé, il lui plait de les faire, qu'il les fasse,
» mais alors qu'il se résigne à en supporter le far-
» deau (2). »

Les autres auteurs et juristes ne s'occupent que des plus
fréquentes améliorations susceptibles d'enlèvement qui sont
les constructions et les plantations faites par le fermier.
Les uns, ce sont les plus nombreux, appliquent l'art. 555
au locataire constructeur (3), et accordent au bailleur le
droit d'exiger la démolition des ouvrages, ou de les conserver moyennant le paiement d'une indemnité (4). Les autres
prétendent que l'art. 555 est étranger à ce cas, qui doit
être résolu par les règles ordinaires du bail et notamment

(1) Troplong. — T. I, n° 353.

(2) Dalloz. — Jurisp. gén., V° Louage, n°° 561-562.

(3) Sic : Demante, Cours analyt. Code Nap., t. II, n° 392 bis II. — Massé et
Vergé sur Zacharia, Droit civ. français, t. II, p. 111, note 10 sur le § 297. —
Aubry et Rau, t. II, § 204, texte et note 22, p. 263 et 264. — Demolombe, t. IX,
n°° 692 et 693. — Duranton, t. II, n° 381. — Duvergier, t. I, n°° 457 et s. —
Guillouard, Contrat de Louage, t. I, n°° 294-301. — Proudhon, de l'Usufruit,
t. III, n° 1456. — Troplong, cité plus haut. — Marcadé, sur art. 555, n° 6.

(4) C'est du moins la décision de ceux qui assimilent le preneur au possesseur de mauvaise foi. — Ceux qui voient en lui un possesseur de bonne foi
refusent au bailleur le droit de démolition. Sic : Demante, Duranton, Duvergier
et Proudhon.

par l'art. 1730 qui permet au propriétaire d'exiger que le preneur lui rende la chose dans l'état où il l'a reçue, et par conséquent qu'il démolisse les constructions élevées par lui. D'ailleurs le propriétaire, s'il désire conserver les bâtiments édifiés par son locataire, s'entendra avec lui à ce sujet et conclura toutes les conventions qu'il lui plaira (1).

Ces différents auteurs ont presque tous négligé de nous dire les droits qu'ils reconnaissaient au fermier lorsque celui-ci a fait à l'héritage loué des améliorations qui se sont identifiées avec lui, et par suite ne peuvent être enlevées (2). Tout au plus pourrait-on tirer un argument d'analogie de ce que dit M. Demolombe relativement à ces travaux dans son commentaire de l'art. 555. Après avoir prouvé que cet article n'est pas applicable à cette hypothèse, puisque le choix qu'il offre au propriétaire, ou de garder les travaux en les payant, ou de les faire enlever est dans ce cas impossible, le savant jurisconsulte conclut qu'elle doit être gouvernée par d'autres règles. Ces règles, suivant lui, sont celles du quasi-contrat de gestion d'affaires qu'il faut combiner avec les deux règles d'équité suivantes : d'une part nul ne peut s'enrichir aux dépens d'autrui, et d'autre part un tiers ne peut imposer au propriétaire du sol sans son fait et contre sa volonté des dépenses qu'il n'aurait pas voulu faire (3).

(1) Sic : LAURENT, t. VI, n° 275. — DE CACKROY, BONNIER et ROUSTAIN, t. II, art. 555, n° 110.

(2) Ils sont toutefois d'accord pour décider que les objets d'embellissement tels que plafonds, papiers, peintures, ajoutés par un locataire urbain, et qui ne peuvent être enlevés, sans être détruits, doivent être abandonnés sans indemnité ; mais ces sortes d'améliorations sont hors du cadre de notre sujet.

Voir aussi GUILLOUARD (t. II, n° 555) et LAURENT (t. XXV, n° 153) qui refusent au fermier le droit à une indemnité pour engrais exceptionnels fournis à la terre.

(3) DEMOLOMBE, t. IX, n° 689. — Voir aussi la loi romaine citée par cet auteur : loi 38 de Celsus an Dig. *De rei vind.* — Sic : AUBRY et RAU. — DALLOZ, jur. gén., V° propriété, n° 555. Il a été jugé dans ce sens par un arrêt de la Cour de Cassation du 22 août 1865 — D. P. 1865 — 1, 358.

§ 3. — Jurisprudence.

La Jurisprudence est à peu près constante pour décider que l'art. 555 est applicable aux constructions faites par le preneur (1).

Quant aux améliorations apportées à la terre elle-même, par les soins du fermier au moyen d'une culture plus perfectionnée, d'un emploi judicieux d'engrais, améliorations qui ont pu donner une plus-value au fonds, les quelques jugements et arrêts visant cette hypothèse sont presqu'unanimes à refuser l'indemnité au fermier sortant. Nous citerons d'abord un arrêt de la 2ᵉ Chambre civile de la Cour d'appel de Douai, en date du 31 août 1877, cassant un jugement qui avait accordé à un fermier une indemnité de 1,913 francs pour marne répandue sur les terres par lui louées (2).

De l'ensemble des considérants de cet arrêt, pourrait-on nous dire avec certaine raison, il ressort que la Cour aurait

(1) Voyez dans ce sens. Cass. 3 janv. 1849. — D. P. 49, I, 27. — Orléans, 20 avril 1849, S. 49, II, 597. — Cass. 1ᵉʳ juillet 1851, D. P. 51, I, 249. — Cass. 1ᵉʳ août 1859, D. P. 59, I, 353. — Cass. 22 novembre 1865, D. P. 65, I, 441. — Cass. 8 mai 1877, D. P. 77, I, 348.

Contra : Arrêt de la Cour de Toulouse du 19 février 1885 confirmé par Chambre des Requêtes le 5 juillet 1886, S. 87, I, 159.

(2) Voici les considérants de cet arrêt : « Attendu qu'il résulte des divers documents du procès qu'il est d'usage constant dans la commune d'A.... de répandre de la marne sur les terres à labour ; — Qu'eu égard à la nature du terrain, la marne est indispensable pour la culture et la production du sol, — Attendu que tout preneur est tenu d'user de la terre louée en bon père de famille et suivant la destination qui lui a été donnée par le bail ou suivant celle présumée d'après les circonstances ; — Attendu qu'en répandant de la marne sur les terres à labour par elles tenues à bail de la demoiselle V...., la dame G.... n'a fait que remplir une des obligations essentielles lui incombant en vertu des dispositions des art. 1728 et 1766, Code civ.; — Attendu qu'en l'absence de toute constatation contradictoire au moment de la location, la dame G.... est présumée avoir reçu les terres en bon état de culture, qu'elle doit dès lors les rendre en bon état ; — Attendu que les conditions de marnage dans lesquelles se trouvent les terres remises par la veuve G.... sont celles d'une culture ordinaire. — Qu'à tort les premiers juges, etc.... »

reconnu le droit à une indemnité si le marnage avait été fait dans un pays où cette opération n'était pas en usage, ou s'il avait été fait dans des conditions dépassant les limites d'une culture ordinaire. — Mais un autre arrêt plus récent de la même Cour est tout à fait catégorique et nie le droit du fermier à une indemnité pour améliorations apportées à la terre. Cet arrêt, en date du 8 juillet 1891, confirma un jugement du Tribunal civil de Cambrai du 10 avril de la même année, et adopta les motifs des premiers juges qui étaient formels et ne laissaient place à aucune équivoque (1).

En résumé, si nous considérons la situation juridique

(1) Il s'agissait de la résiliation d'un bail à ferme par suite du défaut de paiement d'une année de fermage par le locataire déclaré en faillite. A la demande de résiliation, le syndic de la faillite avait répliqué qu'il devait être tenu compte à la faillite de la valeur des fumiers répandus sur les terres louées et des travaux de culture qui y avaient été effectués, et s'offrait à établir et à faire chiffrer cette plus-value par expertise.

Voici les motifs du jugement : « Attendu que si des travaux préparatoires de culture tels que binotage, labourage, hersage, etc., ont été exécutés sur la terre par le preneur, celui-ci n'a fait en les exécutant que remplir l'obligation où il se trouve de par la loi de jouir en bon père de famille, que cette obligation est successive, et que si F.... l'avait violée en s'abstenant des dits travaux, il serait bien plutôt passible de dommages-intérêts qu'aujourd'hui d'en demander lui-même pour les avoir exécutés.

» Attendu d'autre part que si la terre est susceptible d'acquérir une plus-value par les engrais dont on l'enrichit, l'obligation de fumure se trouve inscrite au bail de F....

» Qu'il devait donc l'exécuter et qu'il n'a point à formuler grief, à raison de l'exécution de ses propres devoirs de locataire.

» Qu'en vain alléguerait-il avoir mis en usage une qualité spéciale, une quantité extraordinaire d'engrais.

» Qu'eût-il agi ainsi, il l'eût fait en vue d'un profit personnel à retirer d'une culture déterminée, d'une culture industrielle dont le bénéfice lui était propre et qui peut très bien ne procurer au locataire suivant ou au propriétaire reprenant la terre. aucun avantage susceptible d'une évaluation numérique.

» Attendu d'ailleurs qu'en admettant que F.... soit arrivé par le temps uniquement *tempore solo*, à fin de bail, il eût été mal fondé à demander au propriétaire des dommages-intérêts à raison de la plus-value donnée par lui à la propriété.

» Qu'aucun texte ne lui en donne le droit.

» Par ces motifs, le Tribunal faisant droit, dit que l'offre de preuve offerte par le syndic n'est ni pertinente ni admissible. »

Cpr. un arrêt de la Cour d'appel de Lyon du 13 janvier 1875 (D. P. 77. II, 6) qui refuse au preneur une indemnité pour les embellissements inhérents à l'immeuble.

faite actuellement sous le régime du Code civil, au fermier sortant qui réclame une indemnité à raison des améliorations apportées par lui au domaine affermé, nous voyons son sort différer suivant la nature même de ces améliorations. S'agit-il, par exemple, de constructions, de plantations, l'art. 555 lui sera appliqué; il abandonnera ses ouvrages moyennant une indemnité ou bien il reprendra ses matériaux sans indemnité. Ses améliorations sont-elles au contraire incorporées au sol de manière à rendre toute reprise impossible, il se trouve en dehors de l'hypothèse de l'art. 555, et aucun texte du Code civil ne prévoyant ce cas, le fermier se voit dénué de tout moyen pour demander une indemnité, il doit s'en remettre à l'appréciation des tribunaux dont la jurisprudence sur ce point est loin d'être arrivée à une fixité parfaite.

Quelques esprits se sont émus de cette situation et ont réclamé la réforme de certains articles du bail à ferme; plusieurs Sociétés d'agriculture ont fait aussi entendre leurs doléances à ce sujet; et toutes ces récriminations se sont traduites en de nombreuses propositions de lois dont furent saisies nos Assemblées parlementaires, mais qui n'ont pas encore eu jusqu'ici l'honneur d'un débat définitif.

Le moment est arrivé pour nous de faire une fouille sérieuse dans la poussière des cartons de nos Chambres pour en exhumer, momentanément du moins, ces intéressants documents.

SECTION IV

Documents parlementaires français.

C'est en 1848 que la question fut portée pour la première fois devant les Assemblées délibérantes par M. Pézerat. Sa proposition en date du 30 octobre 1848, établissait un véritable contrat d'association aux termes duquel la plus-value du fonds devait être partagée également entre les trois éléments qui concouraient, suivant lui, à la production agricole. Le capital, représenté par le propriétaire, avait droit au tiers de la plus-value; les deux autres tiers devaient être répartis entre le fermier qui était l'intelligence directrice, et les auxiliaires qui avaient contribué à la plus-value par leur travail.

Cette proposition, déclarée inacceptable par la Commission d'initiative, fut reprise cependant deux ans plus tard, en 1850, par les députés Morellet et Baruel. Quoique simplifiée par ses auteurs qui excluèrent les domestiques du partage de la plus-value, cette seconde proposition dont M. Gasloune fut le rapporteur, eut le même sort que la première.

Quelques années après, en 1854, devant le Sénat de l'Empire, saisi d'un projet de Code rural (1), Monsieur le baron de Ladoucette demanda l'insertion dans le Code alors en préparation, d'un article consacrant le principe de l'indemnité de plus-value, mais l'insertion ne fut pas faite.

Ces trois premières propositions Pézerat, Morellet et Ladoucette posaient le principe de l'attribution au fermier d'une part quelconque de la plus-value, et prescrivaient que les baux à ferme devraient avoir une durée minima de dix ans.

(1) Ce projet, remis à l'étude par le Sénat en 1876 et voté par lui en 1882, n'a pas encore été discuté depuis lors à la Chambre des Députés.

Le 28 mars 1870, la question de la plus-value était de
nouveau soulevée par M. Gagneur qui déposait sur le
bureau du Corps législatif une proposition de loi très
complète (1). Reprenant la distinction que nous avons déjà
trouvée dans les Pandectes de Charondas, M. Gagneur
refuse toute indemnité pour les améliorations ne donnant
qu'une plus-value temporaire, et accorde au contraire au
fermier les deux tiers des plus-values permanentes foncières
qui sont selon lui : la fertilité acquise, le marnage, le drainage, les fossés, routes, plantations et constructions ; le
propriétaire devant être d'ailleurs consulté pour toutes les
améliorations non spécialement culturales qui pourraient
le grever trop lourdement. Ce projet ne vint pas en délibération.

En 1885, lors de la discussion du projet de loi frappant
d'un droit d'entrée les blés venant de l'étranger, M. Jaurès
proposa un amendement dans lequel il invitait le gouverne-
ment à étudier des mesures nécessaires « au point de vue

(1) Proposition de loi GAGNEUR. (*Journal d'Agriculture pratique* 1870, t. I,
p. 505) :

Art. 1er. — A l'expiration du bail, le fermier sortant, lorsqu'il aura réalisé
des améliorations foncières permanentes, pourra réclamer les deux tiers de
la mieux-value.

Art. 2. — Seront considérées comme améliorations permanentes toutes celles
qui subsisteront encore au moment de la sortie, telles que fertilité acquise.
marnage, drainage, fossés, routes, plantations, constructions, etc.

Art. 3. — Les améliorations qui ne sont pas spéciales à la culture et qui
pourraient grever trop lourdement le propriétaire, ne pourront être entreprises que de son consentement.

Art. 4. — Le règlement de l'indemnité due au fermier aura lieu au moyen de
deux expertises, l'une faite au moment de l'entrée en jouissance, l'autre au
moment de la sortie.

Art. 5. — Le propriétaire, sauf conventions contraires, pourra se libérer vis-
à-vis de son fermier, au moyen de dix annuités égales, comprenant le capital
et les intérêts des sommes fixées par les arbitres.

Art. 6. — Les droits d'enregistrement sur les baux à ferme, de plus de neuf
années, se calculeront en proportion décroissante de la durée des baux.
Dans tous les cas, ces droits devront être perçus, année par année, comme
cela se pratique pour la propriété foncière.

Art. 7. — Le fermier sortant conservera un privilège sur son ancienne ferme,
tant que sa créance pour améliorations ne sera pas soldée.

» de la durée des baux et du remboursement des capitaux
» engagés par le fermier, pour l'amélioration de la culture. »
M. Develle, alors Ministre de l'Agriculture, se déclara favorable à ces mesures, et M. Méline partagea son avis en ces
termes : « J'ai déclaré à maintes reprises que nous aurions
» à nous occuper d'une série de lois indispensables pour
» sauver l'agriculture de la crise où elle se débat, et nous
» plaçons au premier rang celles relatives aux améliora-
» tions foncières introduites par le fermier. J'ai déclaré
» que, tout en reconnaissant le fait que beaucoup de
» propriétaires avaient déjà résolu la question, il était
» cependant utile de légiférer sur ce point pour prévenir
» toute difficulté entre le propriétaire et le locataire, et
» surtout pour régler la procédure en cas de dissentiment
» sur l'importance des améliorations de la culture. Je suis
» tout prêt, pour ma part, à étudier les législations de ce
» genre qui existent déjà dans d'autres pays. »

Ce fut surtout durant ces dernières législatures que les
propositions de lois abondèrent sur ce sujet. Nous en trouvons trois dans le cours de la législature de 1885. La
première, en date du 26 mars 1887, est celle de M. Dugué
de la Fauconnerie (rapport sommaire Fombelle); la seconde,
du 27 mars 1888, émane de MM. Maxime Lecomte, Trys-
tram et Pierre Legrand, députés du Nord (rapport sommaire
Lecomte); enfin la troisième, du 7 juin 1888, est due à
M. Lesouëf (1) et à plusieurs de ses collègues (rapport

(1) Proposition LESOUËF. (*Journal officiel*, Doc. parl., Chambre des députés
1888, annexe 2,755) :
« Si les améliorations faites et les procédés de culture employés par le
fermier sortant ont été tels qu'il puisse prétendre qu'une plus-value subsiste
à la fin du bail, le bailleur devra lui en tenir compte jusqu'à concurrence de
la moitié de l'estimation de cette plus-value, laquelle devra être estimée abs-
traction faite de toutes autres causes de modification de la valeur vénale ou
locative du sol. »

sommaire Lecointre). Ces trois propositions, auxquelles M. Thellier de Poncheville avait déposé un amendement le 2 avril 1889, ont été prises en considération et, après l'examen d'une Commission spéciale, ont donné lieu à un rapport sur le fonds par M. Maxime Lecomte. Ce rapport, déposé le 11 juillet 1889, n'a pu venir en discussion avant l'expiration des pouvoirs de la Chambre de 1885.

M. Lecomte reprit les conclusions de son rapport dans une proposition de loi qu'il déposa sur le bureau de la Chambre le 23 novembre 1889 (1). Cinq jours plus tard, le 28 du même mois, MM. Thellier de Poncheville, de la Martinière, le comte A. de Mun, et le baron Piérard en faisaient une autre tendant au même but (2). Ces deux

(1) Proposition de loi Maxime LECOMTE. (*Journal officiel*, Doc. parl., Chambre des députés 1889, annexe 79) :

Art. 1er. — Le propriétaire devra tenir compte au fermier des deux tiers de la plus-value que celui-ci aura procurée au fonds loué par ses travaux de culture, et qu'il aura fait constater contradictoirement avant sa sortie. Toute clause de bail ou convention, ayant pour but d'empêcher l'application de la disposition précédente, sera nulle et de nul effet.

Ce qui concerne les constructions et les plantations continuera à être régi, à défaut de conventions, par les dispositions de l'art. 555.

Art. 2. — Les dispositions suivantes sont ajoutées à l'art. 5 de la loi du 25 mai 1838 sur les justices de paix : « Les contestations relatives aux indemnités de plus-value, réclamées par le fermier sortant au propriétaire, seront soumises au juge de paix. Le juge de paix compétent sera celui de la situation du fonds loué ou de la partie principale de ce fonds. »

(2) Proposition de loi THELLIER DE PONCHEVILLE, DE MUN, etc. (*Journal officiel*, Doc. Parl. Ch. Dép. 1889, annexe 118) :

Art. 1er. — Les dispositions suivantes sont ajoutées à l'art. 1766 du Code civil :

« A défaut de convention spéciale, le propriétaire devra tenir compte au fermier des deux tiers de la plus-value que celui-ci aura procurée au fonds loué par ses travaux de culture, par des amendements, fumiers ou engrais, et qu'il aura fait constater contradictoirement au moment de sa sortie.

» Le fermier sortant sera aussi indemnisé, dans les mêmes proportions, de la plus-value résultant de tous autres ouvrages qu'il aura faits sur le fonds, s'il justifie que ces ouvrages ont été exécutés avec le consentement exprès ou tacite du bailleur.

» Le juge pourra, suivant les circonstances, décider que l'indemnité due par le propriétaire au fermier sera payée en plusieurs termes, avec ou sans intérêts.

» Toute clause de bail ou convention ayant pour objet de priver le fermier de la totalité de la plus-value sans compensation, sera nulle et sans effet. »

Art. 2 — Semblable à celui de la proposition de M. LECOMTE.

propositions furent prises en considération sous la dernière législature, mais ne firent pas l'objet d'un rapport par la Commission spéciale chargée de les examiner. Le 20 mars 1890, M. Dugué de la Fauconnerie avait repris et modifié sa proposition qui fut présentée aussi par M. Chaulin-Servinière (1).

Enfin le 14 décembre 1893, M. Émile Dubois et plusieurs de ses collègues (MM. Coget, Weil-Mallez, Lepez, Pierre Legrand, Guillemin, Dron et Froment) déposèrent une nouvelle proposition de loi en vue d'assurer aux preneurs de baux à ferme une indemnité pour la plus-value qu'ils auraient donnée au fonds loué (2); et le 15 janvier 1894,

(1) Proposition Dugué de la Fauconnerie :

« Si au cours du bail, le fermier a fait, avec l'autorisation du propriétaire, des plantations, contructions, travaux et améliorations qui ont augmenté la valeur du fonds loué, il a droit à une indemnité représentant cette plus-value. Les sommes dues de ce chef seront arbitrées équitablement par deux experts nommés l'un par le fermier, l'autre par le propriétaire et choisis parmi les agriculteurs de la région. En cas de désaccord, le tiers expert sera choisi par les deux premiers experts, et pour le cas seulement où ils ne pourraient s'entendre, il sera désigné par le président du tribunal civil de l'arrondissement dans lequel est située la ferme, sur simple requête qui lui sera présentée, mais en présence des parties ou elles dûment appelées. Les experts ainsi nommés statueront sans appel, quels que soient le chiffre et la nature des réclamations; leur sentence sera homologuée par le juge de paix. La décision des experts ne sera soumise à aucune forme particulière. La procédure sera celle suivie devant les juges de paix. Aucune convention contraire aux dispositions précédentes ne pourra être insérée dans les baux, à peine de nullité. »

(2) Proposition Dubois. (Journal officiel, Doc. parl., Chambre des députés 1893, annexe 165) :

Article unique. — Les dispositions suivantes sont ajoutées à l'article 1766 du Code civil : « Le bailleur devra tenir compte au preneur de la plus-value que celui-ci aura procurée au fonds loué par des amendements, fumures, travaux de culture et d'assainissement, et qu'il aura fait constater contradictoirement avant l'enlèvement de la dernière récolte. A défaut de convention contraire, l'indemnité allouée ne pourra, en aucune circonstance, dépasser l'importance de trois années de fermage. Le juge aura la faculté d'accorder au bailleur des délais n'excédant pas cinq ans pour payer, en un ou plusieurs termes, au fermier sortant, la somme accordée qui, en ce cas, produira des intérêts au taux légal; cette indemnité sera, si le bailleur le requiert, remplacée au profit du preneur, par une prorogation de jouissance au prix et aux conditions du bail expiré et dont la durée sera fixée par le juge à trois ou six années, sans que ce dernier délai puisse être dépassé. Pendant cette prorogation, la jouissance du preneur ne pourra donner lieu, à son profit, à aucune réclamation pour plus-value.

« Toute clause de bail, toute convention ayant pour but d'empêcher l'application des dispositions précédentes, sera nulle et de nul effet.

« Les travaux de drainage et d'irrigation ne sont pas compris dans les travaux de culture et d'assainissement, et ne peuvent faire l'objet de l'application du présent article.

« Ce qui concerne les constructions et plantations continuera à être régi, à défaut de convention, par les dispositions de l'art. 555 du Code civil. »

M. Montant, député de Seine-et-Marne, déposait un rapport
sommaire au nom de la première Commission d'initiative
parlementaire qui proposait, à l'unanimité, de prendre en
considération cette proposition de loi. — Une dernière fut
déposée le 20 janvier 1894 par MM. Lechevallier, Breton,
Julien Goujon, Gervais et Legras (1), et fit l'objet d'un
rapport sommaire de M. Orsat concluant, sous le bénéfice
de quelques observations, à la prise en considération.

Ces deux propositions réunies ont été prises en considération par la Chambre des Députés, le 10 mai 1894, une
Commission spéciale fut chargée de les examiner et ses
conclusions favorables furent données dans un rapport très
circonstancié sur le fonds présenté par M. Émile Dubois,
le 21 novembre 1895 (2).

Ces diverses propositions, qui tendent toutes à accorder
au fermier sortant une indemnité pour la plus-value qu'il
aura procurée par ses soins et par ses travaux au fonds
loué, diffèrent entre elles à plusieurs points de vue : les unes
restreignent d'abord l'indemnité aux améliorations culturales, comprenant par là les amendements, les fumures, les
travaux de culture et d'assainissement, les autres l'étendent
aux améliorations foncières, c'est-à-dire aux travaux d'irrigation et de drainage ; les unes accordent toute la plus-value
au preneur, les autres la divisent entre le bailleur et le
preneur, mais varient quant à la quotité attribuée à chacun
d'eux ; les unes admettent l'indemnité facultative, les autres
la veulent obligatoire ; les unes ne l'accordent que pour les

(1) Proposition LECHEVALLIER, etc. (*Journal officiel*, Doc. parl., Chambre des
députés 1894, annexe 287) :
Article unique à ajouter à la fin de l'art. 1766 du Code civil :
« Le fermier sortant a droit de réclamer au bailleur une indemnité, à raison
de toutes améliorations du sol, lorsqu'il en aura augmenté la productivité. »
(2) Doc. parl., Ch. des Députés. — Annexes du *Journal officiel*, 1895, nº 1618.

travaux effectués avec l'autorisation du propriétaire, les autres n'exigent aucune autorisation ; les unes enfin assimilent les constructions et les plantations aux autres ouvrages donnant droit à une indemnité de plus-value, les autres au contraire les en excluent et les soumettent aux dispositions de l'art. 555 du Code civil.

Toutefois ces divergences ne se sont produites que sur l'application du principe, et toutes les propositions ci-dessus adoptent et établissent le droit du fermier sortant à une indemnité. Bien plus profondes sont les divisions qui sont nées sur cette question parmi les membres de nos Sociétés agricoles ; c'est le principe lui-même de l'indemnité au fermier sortant qui y est discuté, et les agriculteurs les plus expérimentés ne sont point d'accord sur la justice, l'efficacité ou l'opportunité de cette indemnité. Nous allons donner dès maintenant un rapide aperçu de cette controverse, nous réservant d'examiner ensuite plus sérieusement, dans le cours de cette étude, les arguments présentés par les tenants de l'une et l'autre école.

SECTION V

L'indemnité au fermier sortant
devant les Sociétés agricoles.

Bien que la question ait été agitée depuis longtemps déjà (1) dans l'opinion publique, c'est en 1888 que lui fut donnée la grande impulsion qui depuis ne s'est plus ralentie. Au Congrès qu'elle tint durant cette année-là, la Société nationale d'encouragement à l'agriculture consacra une longue séance à l'étude de cette réforme. Un rapport de M. Ferdinand Dreyfus, ancien député et membre du Conseil supérieur de l'Agriculture, donna lieu à une longue discussion qui fut close par un ordre du jour « recommandant à « l'étude des pouvoirs publics l'étude de l'indemnité à » accorder au fermier sortant. »

Peu de temps après, dans cette même année 1888, la Société des Agriculteurs du Nord à Lille attirait l'attention de ses membres sur la question de la plus-value, dont elle s'est faite depuis l'organe et l'apôtre infatigables. Une Commission fut d'abord nommée, avec mission de préciser la

(1) En 1845, lors du Congrès suscité à cette époque par le Conseil supérieur de l'Agriculture, pour l'étude du Crédit agricole, M. Wolowski avait demandé « que des modifications fussent introduites dans les conditions des baux, « garantissant au fermier à l'expiration de son bail, soit une indemnité pour « les améliorations foncières réalisées par lui, soit la continuation de sa « jouissance. »

Cette proposition, combattue par MM. Decerne et Beurat, fut rejetée par le Congrès. Plus tard, sous le second Empire, la Commission d'enquête nommée préalablement à la confection du Code rural, que nous attendons encore, se fit l'interprète de plusieurs Sociétés agricoles en proposant dans son rapport « de tenir compte au fermier sortant des améliorations qu'il a réalisées, » mesure qui permettrait au fermier, désireux de faire des améliorations dispendieuses, de rentrer dans ses déboursés.

nature et le caractère des travaux pouvant produire une plus-value de la propriété.

Le rapporteur, M. Bonduel, en dressa la nomenclature qui fut adoptée et de laquelle sa proposition tire un grand intérêt, car elle seule, à l'instar de la loi Anglaise, entre dans des détails d'application (1). Plus tard, dans sa séance du 6 juillet 1892, cette Société approuva à l'unanimité le rapport fait par son président honoraire, M. René Telliez, dont les conclusions tendent à établir le droit de l'occupeur à la plus-value. En 1894, la Société renouvela son vœu sur l'urgence d'une loi établissant la plus-value et enfin, dans sa séance du 7 août 1895, elle donna son approbation au texte de la proposition de M. Émile Dubois (2). Ce texte fut aussi adopté par la Société d'Agriculture de l'arrondissement du Havre.

Le Congrès agricole international, qui eut lieu au cours de l'Exposition universelle de 1889, mit en jeu la question de l'indemnité de plus-value à la suite d'un rapport de M. Paisant, juge au Tribunal civil de la Seine. Dans la

---

(1) Contre-projet de M. BONDUEL (*Bulletin de la Société des Agriculteurs du Nord*, 1888, p. 640) :

Art. 1er. — Le locataire ou fermier d'un domaine ou d'une terre qui y aura apporté des améliorations de nature à produire une plus-value, est autorisé à se faire rembourser par le bailleur, à sa sortie, la plus-value non épuisée reconnue à cette époque.

Art. 2. — Sont considérées comme améliorations de nature à produire plus-value : 1° Créations de pâtures et prairies permanentes ; 2° créations de prairies irriguées ou de travaux d'irrigation ; 3° créations ou améliorations de ponts et routes ; 4° établissements de cours d'eau, de puits ou réservoirs, ou de travaux pour l'application de la force hydraulique ou services d'eau appliqués à des usages domestiques ou agricoles ; 5° plantations d'oseraies, de vignes et d'arbres fruitiers, ceux des jardins d'agrément exceptés ; 6° mise en culture de terrains vagues ; 7° drainage ; 8° approfondissement de la couche cultivée, au moyen de profonds labours et fouillages ; 9° terrage, marnage, chaulage, etc. : 10° emploi d'engrais commerciaux, nitrates et sulfates exceptés : 11° fumiers et purins.

Art. 3. — La constatation s'en fera au moyen d'une expertise contradictoire qui devra être faite avant l'enlèvement de la dernière récolte.

Les autres articles règlent les conditions de l'expertise.

(2) V. p. 41 (2).

séance du 10 juillet, les propositions ci-après furent adoptées : « Il convient de donner au fermier sortant le droit,
» à la fin du bail, d'être indemnisé par le propriétaire des
» améliorations qu'il a faites, si elles ont occasionné une
» plus-value des terres données à bail; — le droit à une
» indemnité de plus-value doit être réservé aux améliora-
» tions ayant exclusivement le caractère d'améliorations
» culturales; » et l'article suivant fut voté après un amendement apporté par M. Méline : « Tout contrat, accord,
» convention, par lequel le fermier renoncerait à son droit
» de demander une indemnité à raison d'améliorations
» culturales, sera sur ce chef, nul et de nul effet, mais le
» réglement de la plus-value pourra être établi par le con-
» trat de bail sur d'autres bases et d'autres conditions que
» celles qui seront déterminées par la loi. »

Plusieurs Comices et Sociétés agricoles de la province ont
aussi adopté dans leurs délibérations le principe de l'indemnité de plus-value, mais avec diverses atténuations qui en
rendent la portée moins considérable. C'est ainsi que le
Comice agricole de l'arrondissement de Lille, réuni en
Assemblée générale le 19 avril 1894, en vue d'examiner
et de discuter la proposition de loi sur la plus-value soumise au Parlement, a, après une discussion approfondie et
après avoir revu ses délibérations antérieures de 1855,
1877 et 1889 relatives au droit aux engrais, adopté le vœu
suivant à l'unanimité des membres présents : « Dans l'in-
» térêt général comme dans l'intérêt des propriétaires et
» des locataires, et pour la conservation et l'entretien de la
» fertilité du sol, il est indispensable de codifier le Droit
» aux engrais, arrière-fumures et amendements, sous peine
» de voir le fermier sortant toujours tenté d'épuiser la terre
» avant de quitter sa ferme.

» Quant aux travaux d'amélioration et de modifications
» du sol, tels que : drainage, empierrement, nivellement,
» plantation et déplantation d'arbres, etc..., le Comice
» estime qu'ils doivent être précédés d'un accord entre le
» propriétaire et le fermier et que la loi ne peut obliger en
» pareil cas. »

Citons encore le Comice agricole de l'arrondissement de
Douai qui s'est rallié au projet de M. Émile Dubois, vu la
faculté accordée au propriétaire de ne pas se libérer en
argent, mais de laisser seulement son bien au locataire
pendant six ans au plus et moyennant le fermage ancien.

Si les partisans de l'indemnité de plus-value au fermier
sortant paraissent sérieux et nombreux, ses adversaires ne
leur cèdent ni en qualité, ni en quantité. A leur tête, nous
trouvons la Société des Agriculteurs de France qui, dans
ses différentes assemblées, ne s'est jamais départie d'une
vive opposition à cette prétendue réforme. Elle rejeta
d'abord en 1872 les conclusions d'un rapport présenté
par M. Pluchet, qui s'y était montré favorable. Les
diverses propositions de lois qui ont été déposées depuis
cette époque, ont toujours été l'objet, de la part de ses
membres, d'études approfondies et de discussions sérieuses.
Dans son Assemblée générale de 1890, à la suite de la
communication de deux importants rapports présentés par
MM. Tournyer et de Belleville, le vœu suivant fut émis et
adopté : « L'Assemblée des Agriculteurs de France émet le
» vœu : Que la loi ne puisse intervenir dans les conven-
» tions entre propriétaires et exploitants, et que liberté
» entière leur soit laissée pour le règlement de leurs inté-
» rêts réciproques. »

Dernièrement enfin, le 21 février 1896, les Sections réunies d'agriculture et d'économie et législation rurales de

cette même Société maintenaient ce vote dans son intégrité, ne se rendant pas aux raisons invoquées par plusieurs des membres présents en faveur de l'indemnité.

Dans le même sens se sont aussi prononcées l'Académie des sciences morales et politiques, ainsi que la Société nationale d'agriculture. Celle-ci émettait en 1896 la décision suivante : « La Société repousse, au nom « de la liberté des transactions, le principe de l'inter- « vention d'une loi spéciale tendant à réglementer l'in- « demnité au fermier sortant, à raison des avances « qu'il a faites, au cours de son bail, sur le domaine « affermé. »

Nous pouvons encore citer comme partageant le même avis les Sociétés d'agriculture de Melun, et d'autres Sociétés de Seine-et-Marne, Seine-et-Oise, Cher, Indre, qui toutes ont repoussé le principe de l'indemnité au fermier sortant.

Il ne faudrait point cependant conclure de là que ces diverses Sociétés sont partisantes du *statu quo* en cette matière, et estiment qu'il n'y ait pas d'améliorations à apporter dans la situation du preneur à ferme. Toutes au contraire sont unanimes à reconnaître l'urgence de ces améliorations, et cherchent le remède non pas dans l'indemnité de plus-value, mais dans des modifications apportées à la rédaction des baux, les parties jouissant de la liberté pleine et entière, nécessaire à un fécond développement de l'esprit d'initiative individuel.

De cet aperçu rapide et succinct des diverses opinions que partagent les principales Sociétés agricoles de notre pays, il ressort donc qu'en France les esprits sont loin de s'entendre sur la question, et qu'aucune détermination précise n'a encore été prise, à l'encontre de ce qui s'est passé dans plusieurs pays voisins, où le principe de l'in-

demnité de plus-value a été codifié et sanctionné législati-
vement.

Il est utile et intéressant, croyons-nous, de connaître la
législation étrangère sur un sujet qui tend aussi chez nous
à prendre une forme légale ; c'est pourquoi nous terminerons ce chapitre en jetant un coup d'œil sur ces lois
étrangères.

SECTION VI

Législation étrangère.

Deux pays seuls, l'Angleterre et le Portugal, possèdent aujourd'hui une codification du principe de l'indemnité au fermier sortant ; mais c'est l'Angleterre qui nous offre la loi la plus considérable, c'est son exemple d'ailleurs qu'invoquent tous les auteurs des propositions de lois françaises faites dans ce sens.

Toutefois, avant d'aborder l'analyse de cette loi, il nous faut, pour en bien connaître l'esprit, dire auparavant les circonstances spéciales qui en ont fait sentir l'utilité dans la Grande-Bretagne.

La propriété foncière ne se présente pas en Angleterre avec un caractère aussi absolu qu'en France. La plus grande partie des propriétés rurales est substituée, de telle sorte que le propriétaire n'est qu'un simple usufruitier impuissant à constituer sur elles des droits réels pour un temps plus long que celui de sa propre jouissance. Les hypothèques ou le bail consentis par lui s'éteignent après sa mort. De là deux conséquences déplorables pour l'agriculture : d'une part les propriétaires ne sont pas tentés de faire de grands travaux d'amélioration sur des terres qui après eux passeront à des personnes substituées, que parfois ils ne connaissent même pas ; d'autre part ils ne jouissent d'aucun crédit, disposant seulement d'hypothèques imparfaites. De plus, le fermier ne risquera pas non plus ses capitaux dans des travaux d'amélioration dont il n'est pas sûr de retirer des bénéfices, puisque le propriétaire ne peut lui garantir une jouissance suffisamment longue.

Ceux mêmes autrefois qui auraient pu le faire imitèrent l'exemple des propriétaires de biens substitués, et bientôt il n'y eut plus dans les trois royaumes que des baux à l'année, ou même avec réserve de la faculté de renvoyer les fermiers à volonté (*at will*). Dans ces conditions, le preneur se serait bien gardé de faire des améliorations coûteuses, car perpétuellement menacé d'être chassé de ses terres sur un simple caprice du landlord, il n'avait aucune certitude de pouvoir rentrer dans ses débours. Il fallait donc remédier à une situation aussi critique, et le remède varia dans les trois royaumes.

En Écosse, dès 1449, une loi de Jacques II décida que le fermier aurait le droit de terminer son bail, alors même que le propriétaire aliénerait le domaine. Sous Georges III, une nouvelle loi permit aux propriétaires de biens substitués de consentir des baux à long terme; plus tard ils obtinrent en outre la faculté d'emprunter hypothécairement pour réaliser des améliorations permanentes. Les fermiers profitèrent de cette occasion pour se charger de ces améliorations, en se faisant accorder des baux à long terme. Aujourd'hui, en Écosse, presque tous les baux ont une durée de dix-neuf ans, ce qui satisfait pleinement les fermiers qui veulent faire des améliorations sur le domaine affermé.

En Irlande, il n'en fut pas de même; on connaît les vexations dont furent victimes les tenanciers de la part des propriétaires qui, n'habitant pas leur domaine, tendent à user de leurs droits dans toute leur rigueur. Ces excès ont fait exagérer les prétentions des fermiers irlandais qui ne réclament pas seulement une amélioration des lois et coutumes régissant les fermages, mais demandent la transformation de leur bail en emphytéose.

Comme le fait très judicieusement remarquer M. Durand, dans son intéressante étude du *Crédit agricole* (1), les Irlandais n'ont jamais accepté la conquête anglaise, aujourd'hui encore ils se considèrent comme légitimes propriétaires des biens dont ils ont été dépouillés par la violence, et au fond de leurs revendications on trouve une prétention à une sorte de copropriété rappelant, à certains égards, la division du domaine direct et du domaine utile dans la censive féodale.

Aussi la *fixity of tenure* (interdiction de l'éviction du fermier), qu'ils ont inscrite dans leur programme, n'est-elle autre chose pour eux que le droit absolu du tenancier de rester indéfiniment dans sa ferme et de la transmettre à ses descendants, à la seule condition de payer exactement la rente. Ils prennent pour base de leur réclamation une coutume qui existe dans la province de l'Ulster et qui porte le nom de *tenant right* (droit du fermier). « Le *tenant right*, dit
» M. Durand (2), est un droit d'occupation du sol; le
» landlord ne peut pas déposséder son fermier, et celui-ci
» a, au contraire, la faculté de vendre ce droit d'occupa-
» tion et de céder son bail à autrui. Ce *tenant right*, dont
» le prix de vente atteint parfois 500 francs par acre de
» terrain, est considéré comme formé de deux éléments :
» d'une part, le fermier a droit de se faire payer une
» somme représentant les améliorations qu'il a opérées sur
» le domaine; d'autre part, il se fait payer son consente-

(1) Louis DURAND. — *Le Crédit agricole en France et à l'Étranger*, chez Chevalier-Marescq et Cie, Paris.

(2) DURAND, *loc. cit*, p. 591.

» ment à l'occupation du terrain dont il pourrait conserver
» la possession (1). »

Le 14 août 1870, la fameuse *Land league* fit voter
le *Landlord and tenant act, 1870, for Ireland* qui con-
sacrait la coutume de l'Ulster dans les provinces où
elle existait, et qui décidait, que dans celles où le *tenant
right* n'existait pas, le landlord ne pourrait expulser
arbitrairement son fermier sans lui payer des dommages-
intérêts, et même une indemnité fixée par le tribunal et
représentant les améliorations réalisées sur le domaine.
Un nouvel act, en 1881, étendit le *tenant right* à toute
l'Irlande (2).

Les succès des Irlandais tentèrent les agriculteurs anglais
qui réclamèrent aussi le bénéfice du *tenant right*. Ce sont
ces réclamations qui ont produit les deux lois du 13 août
1875 et du 25 août 1883, tout à fait spéciales à l'indemnité due au fermier sortant, les deux actes les plus importants qui existent sur la matière.

La première connue sous le nom de « *Agricultural hol-*

(1) On peut rapprocher du *tenant right* irlandais le *Droit de Marché* français
appelé aussi *Mauvais gré*, tenure d'un genre particulier qui se pratique dans
plusieurs arrondissements de la Somme, du Pas-de-Calais et du Nord, et sur
l'origine de laquelle règne la plus grande obscurité. Le droit de marché « peut
» être défini, dit M. Lefort, la détention perpétuelle et à titre de louage des
» terres appartenant à autrui par un fermier et ses descendants, moyennant
» l'accomplissement des clauses et conditions énoncées dans l'acte de fermage,
» par conséquent sans changement. »

Comme le *tenant right*, le « droit de marché » est basé sur une sorte de
copropriété existant entre le fermier et le propriétaire, et sur un droit aux
améliorations faites antérieurement par les précédents tenanciers.

Voir à ce sujet : *La condition de la propriété dans le Nord de la France. —
Le Droit de Marché*, par Joseph Lefort. (Paris, Thorin, 1892.)

(2) Pour s'expliquer la facilité avec laquelle le Parlement anglais a voté ces
deux acts qui atteignent profondément le droit de propriété, il faut se rappeler
que, suivant un jurisconsulte anglais : « l'idée de propriété absolue est complètement étrangère à la législation anglaise ». En effet, la propriété foncière
de tout le Royaume-Uni est censée appartenir à la couronne dont les propriétaires ne seraient que les tenanciers.

dings (England) act 1875 » (1), divise en trois classes (2) les améliorations susceptibles d'être faites par le fermier sur le terrain loué, et décide dans son article 6 que le bénéfice résultant pour la ferme de ces améliorations sera considéré comme épuisé et ne donnera plus lieu à l'indemnité en fin de bail après l'expiration de vingt ans pour les améliorations de la première classe, de sept ans pour celles de la seconde, et de trois ans pour celles de la troisième. Par conséquent, le montant de l'indemnité due au fermier pour une amélioration de la première ou de la seconde classe consistera dans le montant de la dépense valablement faite par le fermier, sous déduction d'un vingtième ou d'un septième de cette dépense par chaque année écoulée depuis l'amélioration (art. 7 et 8). Pour l'amélioration de la troisième classe, l'indemnité s'élèvera à telle portion de la somme valablement dépensée par le fermier qui représentera à fin de bail la valeur de l'amélioration pour le fermier entrant. (Art. 9).

Cependant le fermier n'est pas libre de faire toutes ces améliorations à sa guise. Celles de la première classe ne peuvent être effectuées sans le consentement préalable et écrit du propriétaire (art. 10), et celles de la seconde classe nécessitent un avertissement fait au propriétaire qui a la

(1) Voir cette loi dans l'*Annuaire de législation étrangère.* — Année 1876, p. 196 et s.

(2) Art. 5. — *Première classe.* — Drainage. — Construction ou agrandissement de bâtiments. — Établissement de pâturage. — Plantation d'oseraies. — Établissement de prairies irriguées ou de travaux d'irrigation. — Établissement de jardins. — Établissement ou amélioration de routes et ponts, de cours d'eau, étang, source ou réservoir, ou travaux destinés à fournir de l'eau. — Établissement de clôtures. — Plantations de houblons, de verger. — Mise en culture de terres vagues — Arpentage de terres.

Deuxième classe. — Fumure par les os bruts. — Améliorations par la chaux, la craie, l'argile et la marne.

Troisième classe. — Application à la terre d'engrais artificiels ou autres achetés par le fermier. — Entretien du bétail au moyen de tourteaux ou autre nourriture non produite par la ferme.

faculté d'empêcher l'opération en donnant congé au fermier (art. 12). — Le consentement ou l'avis préalable ne sont pas exigés pour celles de la troisième classe.

Outre ces puissants correctifs à la liberté du fermier, il est encore d'autres dispositions de la loi qui viennent restreindre dans une grande mesure son droit à une indemnité. C'est ainsi que l'article 11 décide que dans l'établissement du montant de l'indemnité due au fermier pour une amélioration de la première classe, il sera déduit la somme raisonnablement nécessaire pour mettre la chose en bon état de réparations locatives et en bonne condition. C'est ainsi encore que le fermier n'aura pas droit à indemnité pour une amélioration de troisième classe, si postérieurement à l'exécution de cette amélioration, il a été recueilli sur la portion du terrain où elle a été faite, une récolte de grains, pommes de terre, foins, semences, ou toute autre récolte épuisante (art. 13); de même il ne pourra obtenir indemnité pour consommation de tourteaux ou autre fourrage dans le cas où il peut réclamer du bailleur ou du preneur entrant une somme représentant la valeur additionnelle résultant pour la ferme du fumier qu'il y laisse à la cessation du bail (art. 14); de même enfin, toujours pour les améliorations de la troisième classe, il ne sera pas admis en compte, à titre de dépense faite pendant la dernière année, somme supérieure à la dépense annuelle moyenne faite dans ce but par le fermier pendant les trois années de bail précédant la dernière, ou pendant les autres années du bail, s'il avait moins de trois ans (art. 15).

De plus la liberté des parties contractantes est pleinement sauvegardée par l'art. 54, qui stipule que rien dans la présente loi n'empêche le bailleur et le fermier de formuler entre eux toutes conventions qu'ils jugeront à propos.

Comme il est facile de le remarquer par la simple lecture de ses articles, cette loi n'édictait pas des règles exhorbitantes, et son application ne pouvait être très sérieuse ; d'une part, en effet, les améliorations les plus importantes et les plus coûteuses pouvaient être empêchées par le propriétaire ; et d'autre part, la loi proclamant déchu du droit à une indemnité pour apport d'engrais chimiques, le fermier qui aurait fait suivre cet apport d'une récolte épuisante, une récolte de foin et de grains étant considérée comme telle, on se demande dans quels cas le fermier aurait eu intérêt à faire de grandes dépenses d'engrais artificiels.

L'innovation la plus importante apportée par cette loi était celle contenue dans les articles 42, 43 et 44, en vertu desquels le bailleur qui a payé au fermier une indemnité peut obtenir de la Cour de Comté un ordre qui grève le domaine du remboursement de cette indemnité par acomptes. C'est le domaine qui doit l'indemnité et qui la paie par annuités, en quelques mains qu'il vienne à passer. C'est pour ainsi dire une charge qui grève la rente de la propriété, mais cette disposition édictée en faveur du bailleur, qui n'est pas propriétaire absolu mais simple usufruitier ou possesseur de biens substitués, ne peut avoir son utilité et son application qu'en Angleterre, où, comme nous l'avons déjà fait remarquer, la propriété foncière se trouve être dans un état anormal.

Cette loi de 1875 était trop bénigne et ne pouvait satisfaire les agriculteurs anglais. Aussi la firent-ils abroger par la loi du 25 août 1883 (1) d'une portée beaucoup plus considérable que la précédente. Elle respecte la division en trois classes tracée par celle-ci, mais elle modifie un peu la

---

(1) Voir le texte de cette loi dans l'*Annuaire de Législation étrangère*, année 1884, p. 101 et s.

façon d'y répartir les améliorations (1). La première comprend toutes celles que l'article de 1875 plaçait dans cette classe à l'exception du drainage, l'autorisation écrite du bailleur est encore exigée pour leur entreprise ; le drainage constitue à lui seul la seconde classe, et ne peut être effectué qu'après notification préalable au propriétaire qui peut prendre ce travail à ses frais, et exiger l'intérêt de ses dépenses à 5 % ou des annuités d'amortissement en vingt-cinq ans dans lesquelles l'intérêt ne dépassera pas 3 % ; enfin la troisième classe comprend toutes les améliorations qui formaient la seconde et la troisième dans l'art. de 1875, aucune autorisation, aucun avertissement ne sont nécessaires non plus pour leur réalisation.

Le classement du drainage dans la catégorie des améliorations pour lesquelles il n'est point besoin d'autorisation du propriétaire, n'est pas la seule grande modification apportée par cette loi. — L'arbitrage forcé qui avait été établi par celle de 1875 (art. 20-41) subsiste, mais le pouvoir des arbitres est augmenté, car il n'est plus fait mention de la division en période de vingt, sept, et trois années. L'indemnité est déterminée par la sentence des arbitres ou par la convention des parties.

La disposition de l'art. 13 n'existe plus, c'est-à-dire que le fermier n'est plus déchu de son droit à une indemnité par

(1) *Première classe.* — Construction ou agrandissement des bâtiments. — Formation de silos. — Établissement de pâturages permanents, d'oseraies, de prairies inondées et de travaux d'irrigation, de jardins, de routes et de ponts, de canaux, d'étangs, de puits, de réservoir, ou de toute autre construction destinée à employer l'eau comme force en nature, de clôtures. — Plantation de houblons, de verger ou d'arbrisseaux à fruits. — Défrichement. — Changement de la nature de la culture. — Construction de quais ou de digues contre les flots

Deuxième classe. — Drainage.

Troisième classe. — Diffusion sur le sol d'os non dissous. — Chaulement. — Marnage et matières analogues. — Emploi d'engrais artificiels ou autres achetés. — Entretien sur la ferme de bétail, de mouton, de porcs et autres animaux non produits par la ferme.

le fait d'avoir recueilli une récolte considérée comme épuisante sur les terrains amendés ou fumés par lui.

Enfin, et c'est là ce qui la différencie essentiellement de celle de 1875, la loi de 1883 revêt un caractère impératif et obligatoire : « Tout contrat, accord, convention, est-il écrit » dans l'art. 55, par lequel le fermier renoncerait à son » droit de demander une indemnité à raison d'améliorations » agricoles (à l'exception d'un règlement d'indemnité » amiable), sera sur ce chef nul et de nul effet, en droit et » en équité. » C'est l'indemnité de plus-value décrétée obligatoire. Toutefois l'art. 59 apporte une atténuation très importante à cette disposition rigoriste en formulant que toute amélioration autre que les engrais, commencée par un fermier à l'année un an avant qu'il ne quitte la ferme, ou à une date quelconque postérieure à un congé donné ou reçu, ne donnera lieu à aucune indemnité. Par suite de l'usage anglais des baux faits sans durée limitée, à la volonté des parties, *at will*, le propriétaire peut, en résiliant le bail et en profitant de l'art. 59, se dispenser de payer les améliorations quand elles lui paraissent devenir dispendieuses.

Disons en terminant l'analyse de cette loi qu'elle reconnaît aussi au propriétaire obligé de payer une indemnité le droit de prendre sur le sol une inscription égale au montant de la valeur des améliorations, inscription qu'il pourra céder à ses créanciers, à ceux qui lui avanceront de l'argent pour ces améliorations.

Telle est l'économie de la loi que beaucoup d'agronomes français envient à l'Angleterre et désireraient voir appliquée chez nous. Nous étudierons dans un chapitre suivant le bien fondé de ce désir.

La législation portugaise, sur cette question de l'indemnité

de plus-value est beaucoup moins prodigue que celle de la Grande-Bretagne ; nous la trouvons en effet condensée en ces termes, dans un seul article, l'article 1615 du Code civil portugais : « En cas de bail d'un fonds rural pour moins de vingt
» ans, le fermier a droit, à sa sortie, de réclamer au pro-
» priétaire la valeur des améliorations agricoles tant néces-
» saires qu'utiles, alors même que le propriétaire ne les aurait
» pas expressément autorisées, sauf stipulation contraire. Ce-
» pendant, la valeur des améliorations et ses intérêts seront
» payés seulement sur l'augmentation de revenu annuel qui
» en résultera pour le fonds auquel elles ont été faites. » Nous nous bornerons à faire remarquer qu'à l'encontre de la nouvelle loi anglaise, le Code portugais établit l'indemnité seulement facultative, et la subordonne à un bail ne dépassant pas vingt ans.

Comme nous l'avons dit, l'Angleterre et le Portugal sont aujourd'hui les deux seules nations qui admettent le droit du fermier sortant à une indemnité. La Belgique toutefois s'y est déclarée en partie favorable au Congrès international de Bruxelles en 1895, et la modification a été admise dans ce pays par la Commission de révision du Code civil. — L'un des articles du nouveau projet du Titre de Louage reconnaît au fermier sortant le droit de se faire payer par le propriétaire la valeur des arrière-fumures, labours et ensemencements faits par lui, en vue de fruits qu'il ne récolte pas, à moins que, lors de son entrée, il n'ait reçu le fonds dans le même état, sans avoir payé cette valeur.

Nous trouvons encore en Espagne (1) un projet déposé

(1) L'ancienne législation espagnole avait admis formellement, et elle était la seule, le droit du fermier. Nous lisons, en effet, dans la loi 24 du titre 8 de la V⁰ Partida : « Il est juste que de même que quand les fermiers font des dom-
» mages à la chose louée, ils sont tenus de les réparer, de même on recon-
» naisse et récompense l'amélioration qu'ils y font. C'est pourquoi nous disons
» que le propriétaire est tenu de payer les dépenses qu'il a faites, sur ces
» choses qu'il a améliorées ou de les déduire du fermage. »

dans ce sens par M. Monteros-Rios. D'après le titre IIe
« Des Garanties » du projet de loi présenté aux Cortés en
1889 par cet économiste sur l'organisation du crédit agricole, les améliorations réalisées par le propriétaire sur
l'immeuble postérieurement à une inscription hypothécaire
prise sur cet immeuble, non seulement ne seraient pas
frappées par cette hypothèque, mais pourraient même être
l'objet d'un contrat de gage sans dessaisissement au profit
de n'importe quel créancier. Elles seraient considérées
comme une valeur existant dans le patrimoine du débiteur,
et libre de toute hypothèque.

Quant au fermier, il jouirait d'une hypothèque légale et
d'un droit de rétention sur l'immeuble, comme garantie du
remboursement de ses impenses pour améliorations opérées
avec le consentement du propriétaire, et pour toutes réparations nécessaires faites à l'immeuble. Il ne serait plus admis
qu'à invoquer une hypothèque légale s'il s'agissait d'améliorations réalisées sans le consentement mais aussi sans
l'opposition formelle du propriétaire.

Cet établissement d'une hypothèque légale au profit du
fermier est une innovation très grave, et d'une application
bien difficile.

En Allemagne, la question de savoir si le fermier peut
réclamer du bailleur, à la fin du bail, une compensation
pour les améliorations qu'il a apportées à l'immeuble, est
tranchée par la négative dans l'article 591 du nouveau
Code civil de l'Empire (1). Cet article est ainsi conçu :
« Le fermier d'une exploitation rurale est obligé de garan-
« tir au propriétaire de rendre la terre à la fin du bail, dans

____

(1) Ce Code, voté le 18 août 1896, n'aura vigueur de loi qu'à partir du 1er janvier 1900.

» la condition qui soit conforme à la culture ordinaire
» telle qu'elle est suivie par une exploitation régulière,
» pendant le temps du fermage et jusqu'à la restitution de
» l'immeuble. — Ceci s'applique spécialement aussi au
» laboureur, colon, métayer. »

L'exposé des motifs invoqués dans la discussion de cet article nous indique d'ailleurs l'interprétation qui doit lui être donné : « D'après les règles pratiques sur la location
» en général, y lisons-nous, règles qui s'appliquent aussi
» au fermage, le fermier d'une propriété rurale reste
» engagé à remettre cette propriété à la fin de son bail
» dans l'état rural dans lequel il l'a reçue, de sorte que si
» la propriété était livrée au fermier dans un état défec-
» tueux, le fermier accomplit son devoir en remettant la
» propriété telle qu'il l'a reçue ; d'autre part, si la pro-
» priété lui était livrée dans une condition meilleure que
» celle exigée par les règles rurales, le fermier doit aussi
» la remettre dans un meilleur état.

» Ceci ne parait pas trop conforme au but du contrat de
» fermage ni à l'intérêt de l'exploitation agricole, de l'agri-
» culture. A l'égard des améliorations possibles et prati-
» cables par le fermier, le propriétaire n'a rien à voir, ni
» d'autant moins à prendre aucune ingérence dans les
» contrats que le fermier peut traiter avec des banques
» rurales ou agricoles pour l'avance de fonds de toute
» sorte ; — le propriétaire est garanti sur le fonds et par
» sa terre pour tous les engagements du fermier vis-à-vis
» de lui et de la propriété, sur laquelle le fermier exploite
» ses cultures pendant le fermage.

» Et cela a lieu de même dans la prorogation ou dans
» le renouvellement contractuel du bail. — Le propriétaire
» suit la garantie et la condition de sa terre.

» C'est pourquoi dans la préparation du Code on s'est
» arrêté aux principes suivants. — Le fermier, par l'effet
» de son bail, contracte l'obligation d'exploiter les terres
» louées, pendant tout le temps du bail, comme un bon
» père de famille, et de rendre les terres dans l'état où on
» suppose qu'un bon père de famille les aurait exploitées
» réellement jusqu'à la fin du bail et partant à la remise
» de la ferme.

» Un tel principe comprend nécessairement la conclusion
» que le fermier qui rend la propriété dans un état meilleur
» que celui dans lequel il l'a reçue, et quoique cela résulte
» de l'inventaire rural, ne peut avoir aucune prétention à
» demander une bonification ; — et par contre il ne serait
» tenu à aucune indemnité s'il remet la propriété, d'après
» les règles rurales, bien qu'en moins bon état qu'il ne l'a
» reçue. »

Après cette excursion en pays étranger, il nous faut rentrer en France et nous demander d'abord quelle est sous notre Code civil, puis quelle devrait être la situation du fermier sortant qui a apporté des améliorations au domaine ?

Nous suivrons dans cette étude un ordre qui s'impose. Dans un premier chapitre, nous envisagerons d'abord le sort des améliorations qui peuvent être enlevées du sol, ou, en d'autres termes, le sort des constructions et plantations faites par le fermier sur le terrain loué ; ensuite dans un second chapitre, nous étudierons les améliorations qui s'identifient au sol et n'en peuvent être séparées.

Deux raisons nous ont fait adopter cette division : D'une part on admet généralement, (ce ne sera point pourtant notre avis), que les constructions et les plantations faites par le preneur sur le terrain loué sont régies par l'art. 555

du Code civil, tandis qu'aucun article de ce Code ne vise les améliorations qui s'incorporent au sol au point de ne pouvoir en être séparées. D'autre part, les auteurs des propositions de lois françaises relatives à l'indemnité de plus-value font presque tous la même distinction (1) ; ils placent les constructions et plantations en dehors des améliorations pour lesquelles ils réclament une indemnité en faveur du fermier et les laissent régies par l'art. 555 du Code civil.

(1) Seules les propositions de MM. GAGNEUR, THELLIER DE PONCHEVILLE et DEGUÉ DE LA FAUCONNERIE comprennent les constructions et les plantations parmi les améliorations donnant droit à une indemnité, à condition toutefois qu'elles aient été consenties par le propriétaire.

CHAPITRE II

Des améliorations
qui peuvent être enlevées du sol
ou
Des constructions et plantations.

Un fermier a construit et planté à son compte sur le terrain affermé, ces constructions et plantations subsistent à la fin du bail; le propriétaire est-il obligé de les conserver; et s'il les conserve, peut-il le faire sans bourse délier, ou doit-il au contraire payer une indemnité au fermier sortant? — Telle est la question à résoudre dans ce chapitre.

Écartons d'abord du débat les cas où des conventions sont intervenues, soit dans le bail même, soit postérieurement, entre le propriétaire et le fermier relativement à ces constructions et plantations. L'art 1134 du Code civil s'appliquera alors tout naturellement et les droits respectifs du bailleur et du preneur seront réglés par ces conventions (1). Celles-ci peuvent varier à l'infini et nous nous contenterons de mentionner ici les plus usuelles. — Les

(1) AUBRY et RAU, § 201 texte b. — DEMOLOMBE, t. IX, n° 601. — Rej. rej. 1er août 1839. S. 60, 1, 67.

constructions et plantations peuvent tout d'abord être une condition même de la location, et le taux du fermage aura été diminué en prévision de cette charge. On stipule encore souvent dans le bail que le fermier est autorisé à élever avec ses matériaux et à ses frais certaines constructions qui seront reprises à la fin du bail par le propriétaire du terrain loué, à un prix fixé par expert. Il peut aussi être convenu qu'elles appartiendront au bailleur en fin de bail sans indemnité.

Nous supposerons actuellement que le fermier a construit ou planté dans les limites de son droit de jouissance ; nous étudierons en Appendice, à la fin de ce chapitre, le sort des ouvrages qui résulteraient d'un abus de jouissance de la part du preneur.

SECTION I

Exposé sommaire des systèmes en présence.

Quels seront, dans le silence des parties, leurs droits respectifs à la fin du bail sur les constructions et plantations élevées par le preneur sur le terrain loué?

Faute d'un texte précis sur la matière, la doctrine aussi bien que la jurisprudence se trouvent partagées par deux grands systèmes : L'un soutient qu'il faut appliquer l'art. 555 au locataire constructeur, et que celui-ci sera traité comme un possesseur de mauvaise foi. En conséquence le bailleur aura la faculté d'exiger l'enlèvement des travaux ou de les conserver moyennant indemnité.

Suivant l'autre, l'art. 555 est étranger à cette hypothèse qui doit être régie par les seules règles du Contrat de Louage et notamment par l'art. 1730; à la fin du bail le bailleur n'a pas le choix entre le maintien ou l'enlèvement des constructions et plantations élevées par son locataire. Celui-ci, uniquement tenu de rendre l'immeuble dans l'état où il l'a reçu (art. 1730), est libre de détruire ce qu'il a édifié et planté lui-même, d'ailleurs cette destruction peut être aussi exigée par le bailleur, en vertu du même article. Si, à défaut d'exercice de ce droit, les plantations et constructions demeurent, ou bien il y aura une entente amiable et fixation de l'indemnité, ou bien le bailleur et le preneur s'en tiendront aux règles du Contrat de Louage et constructions et plantations resteront acquises au propriétaire sans indemnité.

Partisan de ce second système, nous n'en admettrons point cependant la dernière conclusion, à laquelle nous proposerons quelque correctif. Mais avant d'entamer l'examen approfondi de la situation juridique de ces constructions et plantations à la fin du bail, il est utile et même indispensable d'étudier sommairement la situation juridique de ces mêmes constructions et plantations pendant la durée du bail. Ces deux questions nous semblent être connexes et intimement liées. De la solution que l'on adoptera pour celle-ci dépend la solution que l'on donnera à celle-là, et bien qu'il n'entre pas dans notre sujet de traiter du sort des améliorations apportées par le preneur, durant le cours du bail, nous nous permettrons cette courte digression qui mettra en lumière l'étude du sort de ces améliorations à la fin du bail.

SECTION II

Droits du bailleur et du preneur
sur les constructions et plantations
durant le cours du bail.

Deux principaux systèmes partagent encore sur cette question la doctrine et nous pouvons dire aussi la jurisprudence dont les décisions sur ce point sont loin d'être constantes et uniformes.

§ I. — Système appliquant l'accession.

La première opinion à laquelle s'attache la grande autorité de M. Guillouard (1), enseigne que le bailleur devient immédiatement propriétaire des constructions, plantations et ouvrages faits par le preneur sur le terrain loué, au fur et à mesure que les matériaux sont réunis au sol. En d'autres termes, l'accession s'opère immédiatement au profit du bailleur et avec elle toutes ses conséquences indiquées dans l'art. 555.

Cet article, disent les partisans de ce système, est général, et ne fait aucune distinction : « Lorsque les plantations,
» constructions et ouvrages, y est-il écrit, ont été faits par
» un tiers et avec ses matériaux, le propriétaire du fonds
» a droit ou de les retenir, ou d'obliger ce tiers à les
» enlever. » — Le mot *tiers* désigne aussi bien, dit-on,

---

(1) GUILLOUARD. — Contrat de Louage, t. I, nᵒ 197.

le détenteur à titre précaire que le simple possesseur de bonne ou mauvaise foi.

Les principales conséquences de ce système sont les suivantes :

1° Dès que l'édifice est construit, l'arbre planté, ou l'ouvrage fait, le bailleur qui en est devenu propriétaire par droit d'accession peut, pendant le cours du bail, s'opposer à leur enlèvement.

2° Le preneur a sur ces additions à l'immeuble les mêmes droits que sur l'immeuble dans son état primitif. Libre à lui, par conséquent, d'en jouir suivant les conditions de son bail, et de modifier ces améliorations dans la mesure permise; mais il n'aura pas le droit de les supprimer pour ne rien mettre à leur place.

3° Les impositions, mises par la loi à la charge du propriétaire, et notamment l'augmentation de l'impôt foncier, seront supportées par le bailleur.

4° Comme le droit du preneur est soumis à une alternative de la part du bailleur, et que celui-ci peut ne se déterminer qu'à la fin du bail, le preneur n'a pas contre le bailleur de créance immédiate; elle ne peut être exigée qu'à la fin du bail. On ne peut donc saisir-arrêter cette créance avant cette époque.

5° Le droit du preneur sur les ouvrages qu'il a faits est personnel et mobilier, et à cause de ce caractère de son droit :

a) Ses créanciers ne pourraient saisir immobilièrement les constructions par lui élevées.

b) Il ne peut conférer d'hypothèques sur elles.

c) S'il cédait son bail avec les constructions par lui élevées, le droit à percevoir sur les constructions cédées serait le droit de vente mobilière et non celui de vente immobilière.

d) Si le locataire constructeur se marie sous le régime de la communauté légale, son droit sur les bâtiments, étant essentiellement mobilier, tombera dans la communauté.

e) Le preneur n'a sur ces constructions ni actions pétitoires, ni actions possessoires.

§ 2. — Système rejetant l'accession.

Le second système, diamétralement opposé au premier, repousse les effets de l'accession durant le cours du bail, et décide que le bailleur ne devient propriétaire des constructions qu'à la fin du bail, et à la condition que le preneur les laisse subsister jusqu'à ce moment; alors seulement s'applique l'art. 551.

C'est l'opinion de MM. Aubry et Rau : « Lorsque le » preneur, disent-ils, a fait des plantations et des cons- » tructions, ou apporté des modifications au mécanisme » d'une usine, il peut, en cours de bail, enlever ces plan- » tations et constructions, ou rétablir l'ancien mécanisme » sans que le bailleur soit autorisé à s'y opposer en se » fondant sur le droit d'accession. » Et ils motivent ainsi leur décision : « La seule manière de concilier les droits » que le bail confère au preneur avec le droit d'accession » compétant au propriétaire est de n'admettre l'exercice » de ce dernier que sur l'état de choses existant à la fin du » bail (1). »

Le même argument est ainsi présenté par M. Laurent, l'un des plus ardents partisans de ce système : « Donner » au bailleur le droit d'exiger que les ouvrages faits par le » preneur soient maintenus, ce serait altérer les droits que

(1) Aubry et Rau. — T. IV, § 365; 2° texte et note 3, p. 171. — T. II, § 205, notes 21 et 22, p. 261.

» le bail donne au preneur : il ne pourrait plus jouir d'après
» ses convenances et ses intérêts (1). »

Enfin nous retrouvons encore le même motif du respect
de la jouissance du preneur invoqué dans un arrêt de la
Cour de Cassation du 22 novembre 1864, qui reconnaît
implicitement pour la durée du bail le droit du preneur sur
les constructions qu'il a élevées : « Attendu en droit, dit
» cet arrêt, qu'en admettant que la disposition de l'art. 555
» du Code Napoléon soit conciliable avec les principes spé-
» ciaux qui régissent le bail, et que le propriétaire puisse
» exercer dans toute sa rigueur, à l'encontre de son fer-
» mier, le droit que lui donne cet article de retenir les
» constructions élevées par un tiers sur son fonds, sous la
» seule condition de rembourser la valeur des matériaux
» et le prix de la main-d'œuvre, ce droit ne s'ouvre pour
» lui qu'au jour où cesse le bail et sur l'état de choses
» existant à cette époque.

» Que, jusque-là, la jouissance qu'il a transmise à son
» fermier et qu'il est tenu de lui garantir, ne serait ni libre,
» ni complète, si, en invoquant un droit immédiatement
» acquis par lui sur les changements et les constructions
» qu'il a pu faire dans le but d'approprier les lieux à la des-
» tination pour laquelle ils lui ont été loués, il pouvait
» l'empêcher d'en disposer à son gré pendant le cours du
» bail, et d'y apporter des modifications que lui parai-
» traient exiger ses convenances et ses intérêts; qu'ainsi
» entendu et appliqué l'art. 555 serait une atteinte aux
» droits que le fermier tient du bail et de la loi, puisque,
» par exemple, il serait tenu de conserver un mécanisme
» établi par lui pour l'exercice de son industrie, bien que

<hr>

(1) LAURENT. — T. XXV, n° 177.

» l'expérience lui en ait démontré le vice ou l'insuffi-
» sance (1).... »

Toutes différentes des conséquences du système de l'accession sont celles qui résultent de l'adoption de cette opinion suivant laquelle le preneur est propriétaire des
ouvrages élevés par lui sur le terrain loué :

1° Le preneur peut, durant le cours du bail, modifier
et détruire ces ouvrages sans que le bailleur puisse s'y
opposer.

2° Les impositions mises par la loi à la charge du propriétaire, et notamment l'impôt foncier, seront supportées
par le preneur.

3° Le droit du preneur sur ces constructions étant im-
mobilier et réel (2) :

a) Ses créanciers peuvent saisir les constructions, et la
forme de la saisie est immobilière.

b) Le preneur peut les aliéner à titre onéreux ou gratuit,
les donner en antichrèse ou les hypothéquer conditionnel-
lement pendant la durée du bail. — Si d'ailleurs le patrimoine du preneur est frappé par une hypothèque légale,
celle-ci frappera aussi ces constructions.

c) S'il cède à un tiers ces constructions, il y a là une
mutation immobilière soumise à la formalité de la trans-
cription.

d) Si le locataire constructeur se marie sous le régime
de communauté légale, les bâtiments lui resteront propres,
les meubles seuls tombant en communauté.

_____

(1) Cass. 22 nov. 1861. — S. 1865, I, 11 et D. P. 1865, I, 110.

(2) Même au cas où le bailleur a renoncé au droit d'accession, M. GUILLOUARD
prétend que le preneur n'a toujours qu'un droit mobilier et personnel sur ses
constructions, une créance de jouissance — Il nous semble, au contraire, que
le preneur devient alors forcément propriétaire de ces constructions qui,
comme le disent MM. AUBRY et RAU, « ne peuvent pas être sans maître. »
Sic. Cass. 2 juillet 1851. — S. 51, I, 333.

c) Le preneur a toutes les actions qui compètent à un propriétaire, pétitoires et possessoires.

§ 3. — Jurisprudence.

Quant à la jurisprudence, il est difficile de déduire une théorie bien nette et bien fixe des différentes décisions qu'elle a rendues sur la matière.

Certains arrêts déclarent le preneur propriétaire des constructions pendant toute la durée du bail, et lui reconnaissent durant ce temps le droit de les modifier et de les détruire (1).

Nous lisons par contre dans un arrêt de la Cour d'Appel de Paris, du 4 novembre 1886, que « les constructions
» élevées par le preneur sur le terrain loué appartiennent
» en principe au propriétaire du sol, en vertu du droit
» d'accession ; et ne sont point par conséquent suscep-.
» tibles d'être grevées d'hypothèques du chef du pre-
» neur (2). »

Cependant ce droit d'hypothéquer les constructions qu'il a élevées est accordé au preneur par un arrêt de la Cour de Cassation du 13 février 1872 (3).

Enfin nous voyons d'un côté l'augmentation d'impôt foncier provenant des nouvelles constructions, et toutes les impositions supportées ordinairement par le propriétaire, mises à la charge du bailleur (4), tandis qu'on reconnaît aux créanciers du preneur le droit de saisir, en la forme

---

(1) Cass. 7 avril 1862. S. 62, 1, 150. — Cass. 22 nov. 1864, déjà cité. D. P. 1865, 1, 110. — Cass. 8 mai 1877. D. P. 77, 1, 398. — Lyon, 19 fév. 1885. D. P. 85, II, 137.

(2) D. P. 89, II, 1.

(3) D. P. 72, 1, 256. Sic. Lyon, 18 fév. 1871. S. 1871, II, 81.

(4) Cass. 8 juill. 1831. S. 31, 1, 682. — Paris, 15 déc. 1865. S. 1866, II, 83.

d'une saisie immobilière, les constructions élevées par leur débiteur (1).

En résumé, toutes ces décisions n'offrent que de flagrantes contradictions. Sans doute, chacune d'elles s'explique peut-être dans l'espèce particulière où elle a été rendue, mais toujours est-il que ces divergences rendent impossible la détermination d'un système complet et uniforme.

§ 1. — Système admis.

Nous nous rallions au système qui déclare le preneur propriétaire, durant le cours du bail, des constructions qu'il a élevées sur le terrain loué, lui donnant par conséquent sur celles-ci les droits les plus absolus.

Nous pensons, en effet, avec MM. Aubry et Rau et Laurent, que c'est la seule solution qui puisse se concilier avec les droits que tient le preneur de son contrat de bail. Obligé de procurer à son locataire la jouissance paisible de la chose pendant le temps fixé (art. 1709 et 1719), le bailleur ne peut être propriétaire des constructions élevées par ce locataire dans la limite de son droit. Car ce droit de propriété entraînerait pour le bailleur le droit de transformer et même de démolir l'ouvrage créé par le preneur; or, cette démolition et cette transformation doivent être réservées à ce dernier, sinon sa jouissance pourrait être troublée par le fait du bailleur.

Sans doute, ce droit absolu de démolition et de transformation n'appartient pas au preneur sur les constructions qu'il a louées, et qu'il est obligé de conserver dans l'état

---

(1) Rouen, 23 août 1859. S. 59, II, 617. — Cass. 7 av. 1862. S. 62, I, 159. — Contra : Cass. 11 fév. 1859. S. 59, I, 351. — Limoges, 17 mars 1877. S. 77, II, 295.

où il les a reçues. Il en est tout autrement des constructions, plantations et autres ouvrages qu'il a faits lui-même dans les limites de son droit ; en les faisant, il a joui de l'immeuble loué suivant ses convenances et ses intérêts ; les mêmes convenances et les mêmes intérêts peuvent exiger plus tard la suppression de ces ouvrages. Il faut donc lui accorder ce droit de suppression, et par conséquent le droit de propriété sur ces ouvrages.

Un fermier, supposons-nous, ayant étendu sa culture, a ajouté à ses frais et sans entente préalable avec le propriétaire une grange à celles qui existaient déjà sur la ferme. Il s'aperçoit plus tard qu'il lui serait préférable d'augmenter son élevage, et décide de démolir sa grange pour en utiliser les matériaux à la construction d'une étable supplémentaire qu'il veut placer à un autre endroit. Ce fermier en agissant ainsi ne fait, semble-t-il, qu'user de son droit de jouissance, et cependant le système opposé au nôtre ne lui permettrait pas cette suppression complète du premier bâtiment qu'il a élevé.

De même encore, comme le dit M. le Conseiller Guillemard dans son rapport sur un arrêt de la Cour de Cassation du 8 mai 1877 (1), un fermier peut avoir planté des arbres qu'il croit d'une bonne venue et d'un bon rapport, et s'apercevoir ensuite qu'il s'est trompé. Ayant le droit de jouir conformément à la convention, il doit pouvoir arracher les arbres pour revenir, à son mode de culture primitif, et rentrer ainsi dans les conditions de jouissance et d'exploitation dont il était momentanément sorti. — D'après l'autre système, il n'aurait pas ce droit, et le bailleur pourrait contraindre le fermier à conserver ces plantations jusqu'à la fin du bail.

(1) D. P. 77, I, 308.

Cette grave atteinte à la liberté du preneur serait exigée, d'après les défenseurs de ce système, par l'art. 551 aux termes duquel tout ce qui s'unit et s'incorpore à la chose appartient au propriétaire, ou plus simplement, cette entrave à la jouissance serait voulue par le droit d'accession qui s'opérerait immédiatement au profit du bailleur.

Selon nous, c'est à tort que l'on fait produire ici au droit d'accession un effet qui doit être écarté pendant toute la durée du bail. L'art. 551 ne prévoyait pas l'hypothèse que nous envisageons actuellement, c'est-à-dire celle de constructions élevées par le preneur sur le terrain loué, hypothèse qui doit se régler uniquement par les règles du Contrat de Louage. Quand il a signé le bail accordé au preneur, le bailleur, avons-nous dit, a contracté l'obligation de le laisser jouir paisiblement; appliquer l'art. 551 c'est empêcher cette jouissance, donc il faut s'en tenir à la règle établie par l'art. 1134, c'est-à-dire que les conventions légalement formées tiennent lieu de loi à ceux qui les ont faites.

D'ailleurs ne peut-on pas dire que l'engagement pris par le bailleur de procurer une paisible jouissance au preneur, implique de sa part, par le fait même, une renonciation tacite au bénéfice du droit d'accession; renonciation très licite, car la règle « *Superficies solo cedit* » n'est pas une règle d'ordre public, et il est permis d'y déroger par des conventions contraires (1).

Cette renonciation tacite est précisément pour le preneur le titre constitutif du droit de superficie qui prive le bailleur du droit de propriété sur ces constructions élevées par son preneur, constructions et ouvrages dont il sera cependant propriétaire sous condition suspensive, sous la condition

(1) Les art. 519, 553, 664 du Code civil prouvent la légitimité de cette renonciation.

qu'ils subsisteront à la fin du bail, et qu'il n'exigera pas leur enlèvement; car, ainsi que nous le verrons bientôt, le droit d'accession reprendra alors son empire au profit du locateur.

Reconnaissant le preneur propriétaire, pendant la durée du bail, des ouvrages qu'il a faits sur le terrain loué, nous reconnaissons en même temps toutes les conséquences qu'emporte pour lui ce droit de propriété et qui ont été indiquées plus haut (1).

(1) Page 73.

SECTION III

Droits du bailleur et du preneur
sur les constructions et plantations à la fin du bail.

Plusieurs systèmes se trouvent encore ici en présence, mais ils peuvent se classer en deux catégories, les uns admettant l'application de l'article 555, les autres rejetant cette application.

§ 1. — Systèmes appliquant l'art. 555.

La première catégorie comprend ceux qui appliquent purement et simplement l'art. 555 du Code civil à ces constructions et plantations, lors de l'expiration du Contrat de Louage, mais tandis que les uns (1) assimilant le preneur à un possesseur de bonne foi, ayant un titre dans son bail même, refusent au bailleur le droit d'exiger la démolition des ouvrages faits par ce preneur, et lui permettent de se libérer envers lui en payant à son choix, soit la plus-value, soit la valeur des matériaux et le prix de la main-d'œuvre (art. 555, al. 3 *in fine*); les autres (2) considèrent le preneur constructeur comme un possesseur de mauvaise foi dans ses droits vis-à-vis du bailleur, et reconnaissent à celui-ci le droit d'exiger la suppression des ouvrages ou, s'il les retient, l'obligation de rembourser intégralement la

(1) DEMANTE, t. II, n° 392 *bis*, II. — DURANTON, t. II, n° 381. — DUVERGIER, du Louage, n° 157 et s. — PROUDHON, de l'Usufruit, t. III, n° 1136. — TROPLONG, du Louage, t. II, n° 351.

(2) AUBRY et RAU, t. II, § 205, texte et note 22. — DEMOLOMBE, t. IX, n°° 652 et 653. — GUILLOUARD, Contrat de Louage, t. I, n°° 291-301.

valeur des matériaux et le prix de la main-d'œuvre, sans égard à la plus ou moins grande augmentation de valeur que le fonds a pu recevoir (art. 555 al. 2 et al. 3 *in principio*).

La majorité de ces auteurs estime d'ailleurs que les termes de l'art. 555 sont assez larges pour comprendre cette hypothèse du preneur constructeur, et lui en applique les règles directement. MM. Aubry et Rau, au contraire, que nous avons vus plus haut écarter les règles de l'accession, pendant la durée du bail, au profit du locataire, n'appliquent cet art. 555 que par analogie : « Le preneur, disent-ils, ne
» pouvant être considéré comme un tiers possesseur, soit
» de bonne foi, soit de mauvaise foi, les dispositions de
» l'art. 555 ne lui sont pas directement applicables. Et si
» nous soumettons le bailleur qui opte pour la conservation
» des travaux, à l'obligation de rembourser intégralement
» la valeur des matériaux et le prix de la main-d'œuvre,
» c'est parce que nous lui reconnaissons aussi la faculté de
» demander la suppression de ces mêmes travaux, ce qui
» le place dans une situation analogue à celle où se trouve,
» d'après l'art. 555, le propriétaire du sol vis-à-vis d'un
» possesseur de mauvaise foi (1). »

§ 2. — Systèmes rejetant l'art. 555.

Les auteurs de la seconde catégorie décident, en sens inverse, que l'art. 555 est étranger aux rapports du bailleur et du preneur, et que ses dispositions ne doivent leur être appliquées en fin de bail, ni directement ni par analogie. L'unique hypothèse prévue par cet article, disent-ils, est celle du possesseur de bonne ou mauvaise foi en conflit avec le véritable propriétaire qui l'actionne en revendication et

(1) Aubry et Rau, t. II, § 204, note 22 *in fine*.

qui l'évince (arg. *a contrario* de l'alinéa 3 in fine) (1). — Le mot *tiers* désigne ceux qui possèdent *animo domini*, mais non les simples détenteurs précaires comme le sont les locataires. Ceux-ci sont liés par un contrat vis-à-vis du propriétaire ; il y a deux parties à un même rapport juridique ; le preneur est l'ayant-cause du bailleur, tandis qu'au contraire il n'existe aucun bien juridique entre le propriétaire qui revendique son fonds et le tiers possesseur dont parle l'art. 555.

Puisque l'art. 555 est tout à fait étranger au rapport du preneur et du bailleur, on appliquera à ceux-ci, à la fin du bail, les règles du contrat qui les lie, c'est-à-dire les règles du Louage. Or, en vertu de l'art. 1730, le preneur doit rendre la chose telle qu'il l'a reçue ; donc le bailleur, à la fin du bail, peut exiger qu'il démolisse ses constructions et arrache ses plantations, mais il est sans qualité pour contraindre le preneur à laisser ces constructions et ces plantations. S'il veut les conserver, il s'entendra à ce sujet avec son locataire et conclura avec lui toutes les conventions qui lui plairont. A défaut de ces conventions, de cette entente amiable, le preneur qui laissera subsister ses constructions et plantations après l'expiration du bail, n'aura droit à aucune indemnité (2).

---

(1) « La fin de l'art. 555, dit LAURENT (t. VI, n° 275), où il est question du
» possesseur de bonne foi, parle d'un tiers possesseur qui possède comme
» propriétaire, en vertu d'un titre translatif de propriété dont il ignore les
» vices. Cela étant, le commencement de l'article doit se rapporter au posses-
» seur de mauvaise foi, c'est-à-dire à celui qui possède comme propriétaire,
» mais sans titre, ou en vertu d'un titre dont il connaît les vices. »
Les adversaires de ce système repoussent cet argument *a contrario*, tiré de la dernière partie de l'art. 555, et soutiennent que l'expression *tiers* employée dans le premier alinéa est générale, et s'applique à tous ceux qui ne sont pas propriétaires du fonds.

(2) Ce système est soutenu par M. LAURENT, t. VI, 275. et t. XXV, 177 et s. — DU CAURROY, BONNIER et ROUSTAIN, t. II, art. 555, n° 110. — Cpr. POTHIER, *Traité de Louage*, n° 131. — TOULLIER, t. III, n° 130.

§ 3. — Jurisprudence.

La jurisprudence est plus explicite sur le règlement des constructions et plantations faites par le preneur, à la fin du bail, que sur ce règlement durant le cours du bail.

Elle est à peu près constante à assimiler à la fin du bail le preneur à un tiers possesseur de mauvaise foi, et lui applique les règles de l'art. 555, c'est-à-dire permet au propriétaire d'exiger l'enlèvement des constructions ou plantations, s'il n'aime mieux les retenir en payant la valeur des matériaux et le prix de la main-d'œuvre (1).

§ 4. — Système admis.

Quant à nous, nous déciderons avec les partisans du second système que le bailleur ne pourra pas, en fin de bail, obliger le preneur à maintenir ses ouvrages, dont nous lui reconnaissons par contre le droit d'exiger l'enlèvement; mais au cas où ces ouvrages subsisteront, nous nous écarterons du second système pour nous rapprocher du premier, en refusant au bailleur le droit de les conserver sans payer d'indemnité.

Examinons et approfondissons ces diverses propositions.

I. — Tout d'abord le fermier, jusqu'au moment de l'expiration du bail, peut détruire les constructions et plantations élevées par lui sur le terrain affermé. En agissant ainsi, il reste dans les plus strictes limites de son droit et ne commet aucun abus. Les mêmes raisons qui nous ont fait écarter les règles de l'art. 555 durant le cours du bail,

(1) Cass. 3 janvier 1849, D. P. 49. 1, 27 et S. 49, 1, 93. — Cass. 1er juillet 1851, S. 51, 1, 481, et D. P. 51, 1, 249. — Cass. 22 janvier, 1894, D. P. 94, 1, 160.

nous les font repousser ici. Tant que le bail est en cours, que ce soit à la fin ou au milieu de sa durée, le bailleur est censé avoir renoncé à son droit d'accession pour laisser paisible jouissance au preneur. En vertu du bail même, celui-ci a droit de faire des travaux qui augmentent l'utilité et l'agrément de sa jouissance, et par suite le droit d'en disposer à tout moment.

La solution de la question réside non pas dans l'art. 555, inutile en cette hypothèse (1), mais dans les règles du Louage et notamment dans l'art. 1730. « La seule obli-
» gation que la loi et la nature du contrat imposent au
» preneur, dit M. Laurent en invoquant cet article, c'est
» de rendre la chose au bailleur et de la lui rendre telle
» qu'il l'a reçue. Donc il est obligé d'enlever les plantations
» et constructions qui n'existaient pas lors du bail. Voilà
» le seul droit que le bailleur a en vertu de son contrat (2). »

A la différence du système qui applique ici l'art. 555, l'option, d'après nous, n'appartient pas au bailleur qui ne peut forcer le preneur à conserver ses constructions et plantations, dont il a le droit le plus absolu de disposer, tant à l'époque où finit le bail que pendant sa durée. L'immeuble est-il remis dans son état primitif, au moment de l'expiration du bail, le bailleur n'a pas à se plaindre, son droit ne va pas plus loin, il ne peut demander le maintien des modifications et améliorations qui avaient été apportées sans entente avec lui (3).

En décidant ainsi, nous nous trouvons d'accord avec

---

(1) Nous négligeons l'argument tiré par certains auteurs de la prétendue impossibilité d'application du mot *tiers* aux détenteurs à titre précaire, car nous avouons n'être convaincu par les raisons, ni des uns, ni des autres, relativement à l'interprétation qu'il faut donner à cette expression.

(2) Laurent, t. XXV, n° 179.

(3) Sic. Duvergier, du Louage, n°° 456 et 459.

M. le Conseiller Guillemard qui s'exprimait en ces termes
dans un rapport déjà mentionné plus haut : « D'après les
» règles du bail, et à moins de stipulations contraires, le
» preneur n'est tenu en quittant les lieux que de les rendre
» dans l'état où il les a reçus. Ni dégradation, ni améliora-
» tion, voilà la règle (1). »

Il en était de même en Droit romain, où l'on permettait
d'enlever les améliorations, à condition de remettre les lieux
dans l'état primitif (2). C'est ainsi encore que nous voyons
dans l'ancien Droit un arrêt du Parlement de Rennes
du 17 octobre 1575 (3) autoriser un fermier à emporter des
arbres plantés dans le fonds tenu à ferme.

II. — Si le bailleur, avons-nous dit en second lieu, ne
peut exiger le maintien des constructions et plantations, il
peut du moins en exiger l'enlèvement; c'est le corollaire
naturel du droit du preneur que nous venons d'analyser et
qui trouve sa base dans l'art. 1730. Le bailleur a le droit
de faire remettre les choses dans l'état où elles étaient au
moment où il a mis le locataire en possession du fonds
loué.

Peu importe que les travaux aient été faits à son vu et à
son su. C'est ce que décident plusieurs arrêts, notamment
un arrêt de la Cour de Cassation, rendu le 3 janvier 1849.

« Considérant, dit-il, que, la déclaration dudit arrêt, que
» les travaux ont été faits, au su et au vu des propriétaires,
» qui, loin de s'opposer à leur exécution, les auraient
» autorisés par leur silence, ne peut créer, à la charge du

(1) D. P. 77, I, 300.

(2) ULPIEN, Loi 19, § 4. Dig. (*Locati conducti.*)

(3) BRILLON. — Dictionnaire des Arrêts, V° arbres, n° 27. — Voir aussi,
citation de FERRIÈRE rapportée plus haut, p. 28.

» demandeur, une obligation qui ne résulte pas de la loi,
» et qui, si on la fondait sur la convention, devrait être
» légalement prouvée (1).... »

Comme on le voit par ce texte, le consentement même que donne le bailleur à l'établissement des constructions par le locataire sur le terrain loué n'entraîne, en aucune façon, renonciation à son droit de destruction. Autre chose, en effet, est d'autoriser à construire, et autre chose est de s'engager à conserver ces constructions moyennant une indemnité; cette dernière obligation peut grever très lourdement le patrimoine du bailleur et ne doit pas se présumer aussi facilement.

Cette présomption se trouve pourtant inscrite dans plusieurs des propositions de lois sur l'indemnité de plus-value qui comprennent les constructions et les plantations faites par le locataire, parmi les améliorations lui donnant droit à une indemnité, à la seule condition qu'elles aient été consenties par le propriétaire. — Ce n'est pas un des moins graves reproches qui peuvent être adressés à ces propositions (2).

En vain cherchons-nous le droit sur lequel pourrait se baser le preneur pour obliger le bailleur à conserver avec ou sans indemnité les améliorations apportées par lui à la chose louée. Ni dégradation, ni amélioration, telle est, nous le répétons, la loi du bail qui oblige seule les parties contractantes. De même qu'on ne peut forcer le bailleur à accepter son immeuble diminué de valeur par la faute du preneur, de même on ne peut le contraindre à le recevoir augmenté et amélioré malgré lui; *invito benificium non datur*. C'est là

(1) S. 59, 1, 95 et D. P. 59, 1, 27.

(2) Propositions de lois de MM. GAGNEUR, — THELLIER DE PONCHEVILLE, — et DUGUÉ DE LA FAUCONNERIE.

une simple application des prérogatives que le droit de propriété confère sur la chose louée. « Obliger le propriétaire,
» dit M. Grivel, à conserver malgré lui des constructions
» qu'il n'a point commandées, auxquelles il n'a point par-
» ticipé, qui peut-être ne lui conviennent pas, en le char-
» geant de payer, au moins, l'augmentation de valeur ajou-
» tée à son fonds, et cela dans tous les cas serait contraire
» à toute justice. Il serait souverainement injuste qu'il pût
» être grevé, malgré lui, des impenses considérables qu'il
» n'a pas entendu faire, et dont il n'entend pas profiter(1). »

Aussi est-ce avec raison, selon nous, que la Cour d'Orléans, dans un arrêt du 20 avril 1849, décide que le bailleur
est en droit de demander au locataire d'un moulin la destruction d'un mécanisme nouveau et plus perfectionné, subs-
titué au mécanisme existant au moment de l'entrée en
jouissance. « Attendu, dit cet arrêt, que le besoin de sou-
» tenir la concurrence qui avait déterminé le changement
» de mécanisme, n'était pas un motif suffisant pour faire
» considérer ce changement comme nécessaire à l'usage
» de la chose, et par suite pour que le bailleur fût obligé
» à tenir compte au preneur de la valeur qu'il avait pro-
» curée au moulin; qu'il serait exhorbitant et injuste de
» faire prévaloir l'intérêt du preneur sur le droit de pro-
» priété du bailleur et de consommer peut-être sa ruine, en
» l'obligeant à payer des innovations, améliorations faites
» sur sa propre chose (2).... »

Sans doute, il pourra être très préjudiciable au locataire
de devoir démolir une construction qui lui aura peut-être
coûté une somme considérable, mais à qui ce préjudice sera-
t-il imputable? — Sera-ce au bailleur? Nullement. Le pre-

(1) GRIVEL, loc. cit. p. 362.
(2) SIREY, 19, II, 97.

neur savait que, d'après les règles du contrat qui le liait au propriétaire, celui-ci pourrait exiger à la fin du bail la suppression de ces constructions. C'était à lui locataire, de prévoir les conséquences de ses actes, et de régler conventionnellement avec son propriétaire le sort de ces constructions. S'il n'a pas pris cette précaution, qu'il n'accuse que son imprudente négligence et en supporte toutes les conséquences. On peut lui dire comme autrefois au constructeur romain : « *Cur temere inædificasti in solo quem intelligeres* » *alienum?* » et encore : « *Nemo damnum sentire videtur* » *qui sua culpa damnum sentit.* »

Quelques auteurs prétendent appliquer en l'espèce l'art. 1375 du Code civil, et voient dans le fait, de la part du preneur, d'avoir construit et amélioré le terrain loué, une gestion d'affaires qui obligerait le bailleur à tenir compte au locataire des dépenses qu'il aurait ainsi faites. — Nous repoussons absolument cette manière de voir et estimons que le preneur construisant et plantant sur le terrain loué pour les besoins de sa jouissance ne ressemble en rien à un gérant d'affaires. La gestion d'affaires est, en effet, un quasi-contrat d'un genre tout spécial. Elle suppose essentiellement l'accomplissement d'actes juridiques ; le *negotiorum gestor* est celui qui administre une fortune, qui gère un bien, qui agit juridiquement. Elle suppose chez ce *negotiorum gestor* l'intention d'agir non pour lui-même, mais pour autrui.

Toute différente nous apparaît la situation du preneur constructeur ou planteur ; d'abord s'il construit ou plante, ce n'est certes pas dans l'intérêt du bailleur, mais bien dans son intérêt propre et exclusif ; ensuite le fait de sa construction et de sa plantation est un fait purement matériel. Jamais les Romains n'auraient eu l'idée de dire en

parlant d'un locataire qui aurait élevé des constructions sur
le terrain loué : « *Negotia domini gessit* (1). »

L'art. 1381 du même Code ne peut davantage, quoi
qu'on en aie dit, trouver sa place ici. Cet article parle, en
effet, des dépenses nécessaires et utiles qui ont été faites
pour la conservation de la chose; or les constructions et
les plantations faites par le preneur n'ont pas ce caractère
conservatoire. Elles n'étaient pas nécessaires à la conservation de la chose qu'elles n'ont fait qu'améliorer. D'ailleurs nous n'hésiterions pas à mettre à la charge du
bailleur les ouvrages qui seraient ainsi jugés réparations
nécessaires (2).

On ne pourrait pas arguer non plus d'une sorte de
mandat tacite que le bailleur aurait donné au preneur : car,
encore une fois, celui-ci n'était pas obligé de faire ce qu'il
a fait, ces constructions et plantations n'étaient pas prévues par le bail, et il ne peut dépendre d'un locataire de
grever le bailleur d'impenses considérables dont il n'a que
faire.

Le preneur qui, sans consulter le bailleur, a fait des
constructions et plantations sur le terrain loué, doit donc
être considéré comme les ayant faites à ses risques et
périls. D'ailleurs, ce cas de destruction obligatoire sans
indemnité se présentera rarement : ou bien les tribunaux
tourneront la rigueur du principe, et examineront si les
travaux effectués ne se rattachent pas à d'autres ouvrages
déjà accomplis dont ils forment un accessoire en quelque
sorte nécessaire, ce qui leur permettra d'obliger le proprié-

(1) Voir dans ce sens une note de M. Marcel PLANIOL, professeur agrégé à
la Faculté de Droit de Paris, sur un arrêt de la Chambre des Requêtes de la
Cour de Cassation du 16 juillet 1890, D. P. 1891, 1, 19.

(2) V. notre Introduction, p. 12.

taire à rembourser au preneur les impenses qu'il a faites, par application de l'art. 1381 ; ou bien plutôt si les constructions sont un peu importantes, le locataire aura pris soin de s'entendre d'avance avec le bailleur pour en régler la situation.

III. — Supposons maintenant qu'il n'y ait pas eu de conventions préalables relativement à ces constructions et plantations, que le fermier ne les ait pas enlevées, et que le bailleur n'ait pas usé, à l'expiration du bail, de son droit d'enlèvement. Elles subsistent donc, et demeurent attachées au sol. Le bailleur propriétaire de ce sol peut-il les conserver sans payer une indemnité au preneur ? — Non, avons-nous déjà répondu : il nous faut actuellement d'abord dire les raisons qui nous font décider ainsi, puis ensuite fixer le montant de l'indemnité que nous accorderons au preneur.

D'après certains auteurs, avons-nous dit, les travaux du preneur qui subsistent doivent, à défaut d'entente amiable, rester au bailleur sans indemnité, le principe de cette indemnité ne se trouvant inscrit dans aucun texte du Titre du Louage, seule règle de la matière. — Nous ne partageons pas cette opinion et pensons au contraire que, dans cette hypothèse, les règles du Louage étant insuffisantes, il est tout naturel de recourir à l'équité à laquelle les parties s'en sont évidemment rapportées pour tout ce qu'elles n'ont pas prévu au contrat. Or, il y a deux règles générales d'équité inscrites, il est vrai, dans aucun article du Code, mais dominant tout le droit et universellement admises : La première qui ne permet pas à un tiers d'imposer au propriétaire du sol, sans son fait et contre sa volonté, des dépenses qu'il n'aurait pas voulu faire, qui dépassent ses ressources personnelles, et pour le paiement desquelles, s'il y était forcé, il lui faudrait vendre un immeuble qu'il voudrait au contraire conserver ; la seconde qui nous enseigne que nul ne doit s'enrichir aux dépens d'autrui, et que le Droit romain formulait déjà en ces termes : « *Nemo alterius detrimento locupletior fieri potest.* »

La décision précédente qui d'une part permet au bailleur d'exiger l'enlèvement des constructions et plantations, mais d'autre part l'autorise à les conserver sans indemnité, respecte bien la première de ces règles, mais méconnaît la seconde. Sans doute, comme nous l'avons admis aussi, le preneur avant la fin du bail peut enlever ses ouvrages ; mais s'il les laisse soit par ignorance de son droit, soit par négligence, le bailleur recueillera sur son sol des valeurs nouvelles pour l'acquisition desquelles il n'aura rien déboursé, et dont par conséquent il se trouvera enrichi sans cause. La règle que nul ne peut s'enrichir aux dépens d'autrui se trouvera ainsi violée.

Nous tiendrons donc compte de cette règle, et nous obligerons le bailleur qui retient les ouvrages faits par son preneur à payer à ce dernier une indemnité.

En vain nous opposerait-on un argument d'analogie tiré de la situation de l'usufruitier auquel l'art. 599 du Code civil ne reconnaît pas le droit, à la cessation de l'usufruit, de réclamer une indemnité pour les améliorations qu'il prétendrait avoir faites, encore que la valeur de la chose fût augmentée. — En admettant d'abord que l'art. 599 comprenne par le mot « améliorations » même les constructions faites par l'usufruitier, question qui est loin d'être tranchée, nous repousserions encore l'argument *a pari* qu'on en tirerait contre le locataire. La règle édictée par l'art. 599 est rigoureuse et contraire à celle d'équité rappelée tout à l'heure. Il faut donc se garder de l'étendre par voie d'analogie, sans un texte de loi précis.

D'ailleurs la différence de traitement fait à l'usufruitier et au preneur peut très bien s'expliquer par la différence des droits et obligations conférés à l'un et à l'autre. Comme le dit M. Troplong, « l'art. 599 contient une disposition sévère
» que l'on ne doit pas étendre hors de son espèce. Le pre-
» neur n'a pas été dirigé par un esprit de libéralité pour le
» propriétaire, et certes, il ne doit pas être plus généreux
» à son égard que celui-ci ne l'est pour lui. Or, le proprié-
» taire ne lui a donné rien pour rien ; il a exigé strictement
» les loyers et fermages ; il s'est fait tenir compte des dégra-
» dations. Pourquoi donc établir au préjudice du preneur
» des présomptions forcées ? Pourquoi sortir de la vérité
» des faits ? Le preneur n'a eu qu'un but, c'est de pourvoir
» à sa commodité, à son agrément, à son utilité (1). »

Il est impossible aussi de refuser l'indemnité au preneur sous prétexte qu'en construisant sur le terrain loué, il avait l'intention de faire don de ces constructions à son bailleur. Toute intention de libéralité doit, au contraire, être ici repoussée ; le preneur qui a construit sur le terrain loué, ne se proposait nullement, en agissant de la sorte, de faire un cadeau à son bailleur ; des sentiments aussi généreux n'ont pas cours entre propriétaires et locataires, et cette vieille et inique fiction « *Donasse consetur* » aussi contraire à la vérité qu'à l'équité, comme le dit M. Demolombe (2), pouvait être

---

(1) TROPLONG. — Du Louage, n° 353. Sic. DEMOLOMBE, t. IX, n° 693. — DEMANTE, Cours analyt., t. II, n° 393 bis. — MASSÉ et VERGÉ sur Zacharie, t. II, § 497, note 10.

(2) DEMOLOMBE, t. IX, n°s 693 et 695.
DURANTON (t. II, n° 384) rejette aussi cette fiction comme inapplicable au cas où celui qui a bâti avait quelque motif de le faire, par exemple pour améliorer sa jouissance, et il donne à l'appui de cette opinion une citation de VINNIUS commentant... des Instit., liv. II. « *Finge colonum aut inquilinum*
« *ædificasse in areâ conducti : dicam id factum esse, quo commodius re con-*
« *ducta uterentur, aut in ea habitarent, non quod materiam domino donare*
« *coluerint.* »

admise autrefois en Droit romain (1), mais doit être rejetée aujourd'hui sous l'empire de notre Code qui en a fait justice dans l'art. 555. Décider autrement serait traiter le preneur plus durement que le possesseur de mauvaise foi lui-même, auquel cet article accorde une indemnité.

Les ouvrages faits et laissés par le preneur deviennent, à l'expiration du bail, la propriété du bailleur, en vertu du droit d'accession inscrit dans l'art. 551. Ce droit d'accession qui avait pour ainsi dire sommeillé pendant la durée du bail, comme écrasé par les règles du Louage, se réveille à ce moment et produit son effet utile. Alors, en effet, le bailleur n'est plus obligé de respecter la jouissance du preneur qui a pris fin, et se trouve lié en aucune façon à son égard. L'obstacle à la réalisation du droit d'accession était l'obligation où se trouvait le bailleur de respecter la jouissance du preneur ; cette obligation cessant, l'obstacle tombe par le fait même, et le bailleur trouvant sur son terrain des constructions et plantations faites par autrui, en devient propriétaire par voie d'accession (2). Les rapports contractuels étant éteints, cette accession opère dans toute son énergie, car aucune raison ne s'oppose plus à l'application du droit commun.

Sans doute, si le bailleur veut recouvrer son immeuble intact, dépouillé de toutes additions et de toutes modifications, il en a le droit, nous le lui avons reconnu en vertu de

---

(1) D'ailleurs cette fiction avait déjà été quelque peu modifiée en Droit romain même, comme le prouvent les textes cités par M. ORTOLAN dans son Commentaire du § 30 du livre II des Inst. « De div. rerum. » Ces textes sont un fragment de PAUL au Dig. 5, 3, 38, une constitution de GORDIAN, Code 3, 32, 5, et une autre constitution d'ANTONIN, Code 3, 32, 2.

(2) Le bailleur est alors censé avoir été propriétaire des ouvrages dès leur incorporation au sol : les droits qu'il avait éventuellement conférés en tant que propriétaire sous condition suspensive, deviennent définitivement valables et peuvent s'exercer.

l'art. 1730, et ce sont alors les règles de cet article, c'est-à-
dire les règles du Contrat de Louage qui s'appliqueront, à
l'exclusion de l'art. 555 inutile dans ce cas. L'exigence de
la remise des lieux dans l'état primitif est reconnue par le
contrat qui lie les parties. — Dans le cas contraire, c'est-
à-dire en cas de maintien des ouvrages faits par le preneur,
nous nous trouvons dans une hypothèse qui ne peut plus
être tranchée par un texte du Titre du Louage. Les parties
en contractant le bail ne l'ont pas prévue; le fermier ne
louait pas l'immeuble dans le but d'y bâtir, ou d'y faire
d'autres ouvrages, pavages, construction d'égouts, etc.,
reconnus utiles dans la suite. Il a créé une chose distincte
du sol bien qu'elle y soit incorporée, et il l'a créée en dehors
de toute obligation. Le bailleur, nous le supposons, n'use
pas de son droit de la faire enlever et la conserve; force
nous est de chercher une solution ailleurs que dans le
Titre du Louage, sous peine, si nous nous en tenions à ce
Titre, de laisser ces ouvrages au bailleur sans indemnité,
c'est-à-dire de lui permettre de s'enrichir sans cause et de
violer ainsi l'équité.

Comme nous l'avons dit, ce bailleur devient propriétaire
par droit d'accession des ouvrages qui demeurent après
l'expiration du bail, sans qu'il y ait eu arrangement entre
lui et son preneur. Il faut rejeter, en effet, l'idée d'une cession quelconque puisque les parties sont restées muettes,
et nous avons déjà démontré qu'on ne peut non plus présumer une libéralité de la part du locataire.

Si c'est le droit d'accession qui rend le bailleur propriétaire, ce sont les règles de l'accession qui doivent résoudre
la question d'indemnité; nous appliquerons donc l'art. 555
et nous assimilerons le preneur à un possesseur de bonne
foi, c'est-à-dire que nous donnerons au bailleur le choix de

rembourser soit la valeur des matériaux et le prix de la main-d'œuvre, soit une somme égale à celle dont le fonds a augmenté de valeur. En effet, la règle : « Nul ne doit s'enrichir aux dépens d'autrui, » qui est la cause de l'indemnité due au preneur, doit en être aussi la mesure. Or, en restituant la dépense inférieure à la plus-value, le bailleur fait un gain sans appauvrir le preneur, en payant la plus-value inférieure à la dépense, il appauvrit le preneur sans faire de gain ; des deux côtés l'équité est donc satisfaite. S'agit-il de bâtiments, le bailleur le plus souvent sera quitte en payant la plus-value qui sera presque toujours inférieure au prix de la construction. Le contraire se produira au cas où le preneur aura laissé des arbres sur le terrain, le bailleur se trouvera alors libéré à son égard en lui remboursant le coût des arbres et de leur plantation. Dans l'un et l'autre cas, du reste, le fermier n'aura pas à se plaindre car il avait la faculté d'obtenir une indemnité plus élevée en menaçant le bailleur d'user, avant la fin du bail, de son droit d'enlèvement sur les constructions et les plantations.

Notre décision qui assimile le preneur à un possesseur de bonne foi est non seulement conforme à l'équité, mais elle répond encore à la réalité des choses. En construisant et en plantant dans les limites du droit qu'il possède de modifier la chose louée, le preneur ne peut avoir fait preuve de mauvaise foi ; il ne faisait que ce qui lui était permis par les termes mêmes de son contrat, et n'a par conséquent rien à se reprocher. Nous évitons ainsi l'inconséquence dans laquelle tombent MM. Demolombe et Aubry et Rau en traitant le preneur comme un possesseur de mauvaise foi pour la détermination de l'indemnité à lui payer, et en lui reconnaissant cependant pendant le bail le droit d'élever des constructions, privilège réservé au possesseur de bonne foi.

Sans doute nous avons reconnu au bailleur le droit d'exiger la suppression des constructions et plantations après l'expiration du bail, s'il ne veut pas payer d'indemnité, et il paraît y avoir contradiction à assimiler ensuite le preneur à un possesseur de bonne foi, contre lequel l'art. 555 n'accorde pas l'exercice de ce droit. L'anomalie pourtant est seulement apparente : Quand le propriétaire demande la suppression des ouvrages faits par le bailliste, c'est au preneur qu'il s'adresse en vertu de l'art. 1730, à raison des obligations qui lui sont imposées par le bail; en un mot le preneur est alors envisagé comme preneur et non comme tiers, tandis que lorsque nous lui attribuons une indemnité, ce n'est plus alors comme preneur mais comme tiers que nous l'envisageons, nous nous trouvons en dehors des textes du Louage, et nous lui appliquons l'art. 555 en prenant dans cet article les dispositions qui semblent lui convenir le mieux, c'est-à-dire celles qui sont édictées pour le possesseur de bonne foi.

IV. — Après avoir déterminé les règles suivant lesquelles le preneur dont les constructions et plantations restent sur le terrain loué, a droit à une indemnité, il nous faut rechercher par quels moyens il peut réclamer cette indemnité, et comment il faut en calculer le montant dans les deux cas différents qui peuvent se présenter.

Et tout d'abord c'est au preneur à prouver qu'il a fait exécuter les travaux et qu'il les a faits à ses frais, car le principe énoncé dans l'art. 553 à savoir que : « Toutes » constructions, plantations et ouvrages sur un terrain ou » dans l'intérieur, sont présumés faits par le propriétaire à » ses frais et lui appartenir, si le contraire n'est prouvé, » est opposable au fermier comme à toute autre personne pour

les ouvrages faits par lui sur le terrain du propriétaire (1).
La preuve contraire, dont parle l'art. 553, peut d'ailleurs
se faire par témoins, ou à l'aide de simples présomptions,
sans commencement de preuve par écrit, à quelque somme
que la valeur des travaux puisse s'élever, car il s'agit en
pareil cas de la preuve non d'un fait juridique, mais d'un
fait matériel auquel ne s'applique pas la disposition de
l'art 1341 (2).

L'action en indemnité qui appartient en l'espèce au preneur contre le bailleur sanctionne l'obligation fondée sur
l'enrichissement que celui-ci a fait sans cause. c'est donc
l'action que nous connaissons encore sous son nom romain :
Actio de in rem verso, action personnelle qui sera portée non
point devant le tribunal de la situation des lieux loués, mais
devant le tribunal du domicile du défendeur c'est-à-dire du
bailleur, conformément à l'art. 59 du Code de procédure
civile.

Quant à l'évaluation de l'indemnité à payer, on la fera
facilement si le bailleur consent à rembourser le prix des
matériaux et de la main-d'œuvre; il suffira, en effet,
précier ce prix par experts ou autrement, par exemple
d'après les devis passés avec les architectes, les quittances,
ou encore les marchés faits avec les ouvriers. Il en sera
autrement si le bailleur préfère payer seulement la plus-
value.

Que faut-il entendre par là?

« L'augmentation de valeur résultant pour le fonds de
l'édification des travaux; » telle est la définition que l'on en

(1) LAURENT, t. VI, n° 255. — Cass. 27 mai 1873 (S. 73, 1, 251).
(2) AUBRY et RAU, t. II, § 193, texte n° 1. — LAURENT, t. VI, n° 251 —
DEMOLOMBE, t. IX, n° 635.
Cass. 27 juillet 1870 (constructions), D. P. 70, 1, 308 et S. 60, 1, 320 — Cass.
23 mai 1870 (plantations), D. P. 60, 1, 385 et S. 60, 1, 792

donne généralement, mais cela ne suffit pas pour déterminer les bases du calcul de cette plus-value. — Suivant la
majorité des auteurs, c'est l'augmentation de la valeur
vénale, la plus-value qui serait réalisable en argent, si
l'immeuble était aliéné. D'autres enseignent que la valeur
réelle peut n'être pas prise en considération si le propriétaire n'en retire aucun profit, et que cette appréciation de
la plus-value doit être décidée en fait et eu égard aux circonstances par les magistrats (1). Nous partageons cette
dernière manière de voir; attendu que le bailleur n'est tenu
d'indemniser le preneur que dans la mesure de son enrichissement, il faut pour évaluer le montant de l'indemnité
à payer, examiner ce dont il s'enrichit par suite du maintien
des ouvrages faits par le preneur sur son terrain; cet enrichissement, c'est le profit, l'utilité qu'il en retirera, « *Qua-
tenus res pretiosior facta est* », utilité et profit qui doivent
être appréciés au moment de l'expiration du bail, et qui ne
correspondent pas toujours intégralement à l'augmentation
de la valeur vénale. Différents cas peuvent se présenter : ou
bien le bailleur ne louera plus sa ferme et la fera valoir
lui-même, il devra alors donner une indemnité équivalente
au profit que son exploitation personnelle tirera des ouvrages
du preneur; ou bien il louera à un nouveau fermier, l'indemnité sera alors égale au supplément de fermage dû à
l'addition de ces ouvrages; ou bien enfin il vendra sa ferme,
et nous trouverons alors ici comme base de l'indemnité
l'augmentation de la valeur vénale, c'est-à-dire la différence
existant entre la valeur de l'immeuble avant l'édification des
ouvrages et sa valeur actuelle.

(1) POTHIER. — Traité du domaine de propriété, n° 355. — Nouveau Denizart,
voir Améliorations, § 1, n° 1. — DURANTON, t. IX, n° 681. — DEMANTE, Cours
analyt. t. II, n° 392 *bis*, XII.

Le bailleur aura-t-il le droit de rentrer en possession de la chose louée, avec les augmentations qui y ont été faites par le fermier, même avant d'avoir désintéressé ce dernier? En d'autres termes, le fermier a-t-il un droit de rétention en raison de l'indemnité qui lui est due pour les ouvrages créés sur le terrain loué? Sans entrer dans la discussion de cette question pleine de controverses, et qui nous conduirait hors de notre sujet, (savoir si le droit de rétention doit être seulement accordé dans les cas expressément déterminés par la loi ou si au contraire il doit être étendu par analogie à tous les cas où existe une connexité entre la créance et la chose détenue, *debitum cum re junctum*), nous refuserons simplement au preneur, dans l'espèce qui nous occupe, ce droit de rétention, parce que ce droit est une cause de préférence, et que les causes de préférence sont limitativement déterminées par la loi, or nous ne trouvons pas de texte qui l'accorde au preneur ayant construit sur le terrain loué.

APPENDICE I

De l'Enregistrement.

Nous ne nous occuperons ici que des droits qui pourront être perçus à la fin du bail par l'Administration de l'Enregistrement, à l'occasion des ouvrages faits par le preneur sur le terrain loué. Disons seulement que, durant le bail, s'il n'y a pas eu de conventions spéciales, le preneur étant selon nous propriétaire des constructions élevées par lui, s'il les cède, il fera une cession immobilière qui donnera ouverture au droit des mutations immobilières, droit de 5 fr. 50 °/₀ (1).

A la fin du bail, ou bien les conventions, objets des droits d'enregistrement, sont faites avant l'expiration de la jouissance du preneur; ou bien elles sont passées après l'expiration même du bail.

La convention qui interviendra avant l'expiration de la jouissance aura pour but de fixer le sort des ouvrages faits par le preneur qui jusqu'au dernier moment, avons-nous nous dit, conserve la faculté de les enlever. Le bailleur et le preneur détermineront alors ensemble la somme suivant laquelle le bailliste renoncera à son droit d'enlèvement et laissera ses ouvrages qui, à l'expiration du bail, appartiendront au bailleur.

La plupart des auteurs appliquent à cet acte le droit de 5,50 °/₀, y voyant une transmission immobilière. Selon

---

(1) Dictionnaire des droits d'enregistrement. — V° Constructions, n° 118 et s.

nous, c'est commettre une méprise sur la portée de cet acte. Que décide-t-il, en effet? Que les ouvrages subsisteront et rien de plus. Lorsqu'arrivera la fin du bail, les bâtiments en tant qu'immeubles deviendront la chose du bailleur en vertu du droit d'accession, écarté pendant la durée du bail, et qui renaîtra à ce moment, sans qu'il soit besoin pour cela du secours de la convention en question. Cette convention a seulement pour objet de maintenir sur le sol les matériaux sur lesquels le preneur a un droit de propriété incommutable, irrévocable, en tant que matériaux, même à la fin du bail; tandis que son droit de propriété sur les bâtiments eux-mêmes est temporaire et précaire, et disparaît en même temps que sa jouissance. S'il convient de quelque chose à l'expiration du bail, ce n'est pas pour transmettre au bailleur une propriété immobilière sur le point de prendre fin, son seul but est de fixer le prix auquel il reprendra ses matériaux. C'est pourquoi il y aurait lieu, selon nous, de percevoir non pas le droit des mutations immobilières de 5,50 °/₀, mais celui de vente mobilière de 2 °/₀.

Après l'expiration du bail, qu'il y ait convention ou simple règlement amiable ou judiciaire, il ne peut plus être question de transmission immobilière ou mobilière (1), car le droit d'accession a opéré, et le bailleur est devenu propriétaire *ex jure proprio* des ouvrages faits par son preneur. Il n'y a plus qu'un règlement d'indemnité exigé par l'équité, et frappé seulement d'un droit d'acte de 0,50 c. °/₀.

(1) Cass. 2 juillet 1851. — S. 51. 1. 535.

APPENDICE II

Constructions et plantations
résultant d'un abus de jouissance.

Nous avons supposé jusqu'ici que les constructions et
les plantations faites par le fermier sur le terrain loué,
l'avaient été dans les limites du droit que nous lui avons
reconnu au début de cette étude (1), c'est-à-dire sans dénaturer l'immeuble, et sans lui apporter des changements
contraires à la destination primitive de la chose louée.

Il nous faut envisager maintenant le cas où ces constructions et plantations constituent de la part du fermier
un abus de jouissance. Si le fermier a outrepassé ses droits,
si les ouvrages qu'il a ajoutés au fonds n'étaient pas autorisés tacitement par le bailleur comme constituant l'exercice de son droit de jouissance, si, par exemple, il a construit
sur un pré, il ne pourra plus être traité comme au cas où
il construisait et plantait de bonne foi.

Les arguments que nous avons invoqués plus haut dans
les sections II et III, pour établir la propriété et les droits
du preneur, sont fondés sur l'intention présumée des parties, sur l'analyse de leurs rapports contractuels. Nous
avons écarté les principes du droit d'accession pendant le
bail, considérant que le bailleur y avait tacitement renoncé
en s'obligeant à procurer au fermier une paisible jouissance, jouissance qui comprenait pour ce fermier le droit

_____

(1) V. suprà, p. 15 et s.

de détruire ses ouvrages faits de bonne foi sur le terrain loué. Les mêmes raisons n'existent plus en présence des constructions et plantations abusives ; puisque le preneur ne remplit plus ses obligations, le bailleur est relevé des siennes, et on ne peut plus supposer de sa part une renonciation au bénéfice du droit d'accession. Les règles du Louage qui précédemment paralysaient ce droit jusqu'à la fin du bail, sont dans l'espèce violées, et par conséquent il n'existe aucun obstacle à l'application du droit d'accession.

Le bailleur peut donc exiger la démolition des bâtiments et l'arrachage des plantations non seulement en fin de bail, mais encore pendant la durée de la jouissance du locataire ; il pourrait même y avoir lieu à la résiliation du bail (art. 1728 et 1729). S'il le préfère, le bailleur pourra conserver ces constructions et plantations qui sont devenues sa propriété (art. 552 et 553), mais le principe d'équité d'après lequel « nul ne peut s'enrichir aux dépens d'autrui, » reparaît ici, et le preneur aura droit à une indemnité.

C'est en vertu du droit d'accession que le bailleur conserve les ouvrages du preneur, nous lui appliquerons donc les règles de l'art. 555 relatives au montant de cette indemnité, et comme il faut lui reconnaître dans cette hypothèse un caractère de mauvaise foi, nous déciderons que le bailleur devra lui rembourser la valeur des matériaux et le prix de la main-d'œuvre, sans pouvoir se libérer en payant la plus-value, si celle-ci est inférieure au montant des impenses. En statuant ainsi, nous nous montrons plus favorable au preneur de mauvaise foi que nous l'avons été à celui de bonne foi ; mais notre excuse est l'obligation où nous sommes de nous conformer au texte de l'art. 555 qui mérite d'ailleurs à juste titre les critiques qu'on pourrait nous adresser pour cette solution bizarre. Cet article réglant le montant de l'indemnité à payer au constructeur et planteur sur le terrain d'autrui au cas où ses ouvrages sont conservés par le propriétaire de ce terrain, devrait toujours limiter le montant de l'indemnité à l'enrichissement du propriétaire, seul fondement de cette indemnité, c'est-à-dire qu'à l'égard du possesseur de mauvaise foi comme à celui du possesseur de bonne foi, le propriétaire devrait avoir le choix entre le remboursement des impenses et celui d'une somme correspondant à la plus-value.

Disons pourtant en terminant que cette *inelegantia juris* est sensiblement atténuée par le pouvoir donné au propriétaire d'exiger la démolition des ouvrages. Si la plus-value procurée au terrain est de beaucoup inférieure au montant du prix des matériaux et de la main-d'œuvre, le bailleur pourra menacer le preneur d'exiger l'enlèvement, comme il en a le droit, et le preneur sous le coup de cette menace consentira à ne recevoir que l'équivalent de la plus-value plutôt que d'être contraint à une démolition dont il tirerait un profit encore moindre. C'est ainsi que l'équité pourra être sauvegardée, et la solution bizarre signalée plus haut, évitée.

CONCLUSION DU CHAPITRE II

En résumé, le fermier qui a fait sur le terrain loué des améliorations susceptibles d'enlèvement, plantations, constructions ou autres ouvrages extérieurs ou intérieurs, peut en fin de bail et à défaut de conventions contraires supprimer ces améliorations en conservant les matériaux qu'il en retire; s'il n'use pas de ce droit et les laisse sur l'immeuble loué, le bailleur pourra soit exiger la remise des lieux dans leur état primitif, soit conserver les ouvrages moyennant une indemnité équivalente à l'enrichissement qu'ils lui procurent.

Ces règles d'ailleurs ne s'appliquent qu'aux choses attachées au fonds à perpétuelle demeure, et n'atteignent pas celles qui ont été plutôt juxtaposées qu'incorporées au fonds, s'il apparaît que l'intérêt du preneur a été d'en conserver la propriété et de les détacher de l'immeuble quand il le voudrait, pour les emporter avec lui, comme des arbres de pépinière.

En fait, comme nous l'avons déjà fait observer, presque toujours il y aura des conventions qui interviendront pour fixer les droits des parties relativement à ces ouvrages. Du reste, l'étude de cette question présente beaucoup plus d'intérêt pour les baux urbains que pour les baux ruraux. Dans les premiers, il s'agit parfois d'édifices très considérables, comme des établissements industriels entiers; dans les seconds, au contraire, les très rares bâtiments que le fermier entreprendra ainsi à ses risques et périls, seront de peu d'importance et se borneront souvent à une grange ou une étable.

Mais si ces sortes d'améliorations se produisent peu dans la location d'immeubles ruraux, il n'en est pas de même des améliorations de l'autre espèce, de celles qui ne peuvent être enlevées, qui s'identifient avec le sol, et ont pour but d'en augmenter la fertilité et le rendement. Elles vont faire maintenant l'objet de notre étude dans un troisième et dernier chapitre.

CHAPITRE III

Des améliorations
qui ne peuvent être enlevées du sol
ou
Des améliorations culturales et foncières.

Les améliorations que peut recevoir le fonds loué, par suite des soins d'un fermier intelligent et actif, sont très nombreuses, et ne se prêtent pas à une énumération limitative. On s'accorde généralement à les partager en deux grandes catégories : les améliorations culturales et les améliorations foncières ; mais on ne s'entend plus aussi facilement sur la détermination de la catégorie propre à chaque amélioration prise en particulier. Sont considérés ordinairement comme améliorations culturales les labours d'approfondissement, les fumures avec importation d'engrais, le nettoyage des terres, et les amendements ou opérations ayant pour but d'introduire dans le sol les éléments qui lui manquent pour être friable, continu, mobile. Sont regardés comme améliorations foncières d'abord les constructions et plantations dont nous nous sommes déjà occupé, puis les créations de prairies, les défrichements, les mises en culture de terrains vagues, les dessèchements de marais, les créations de chemins d'exploitation, et enfin les travaux d'assainissement, comme le drainage ou la confection de rigoles à ciel ouvert, et les travaux d'irrigation.

Néanmoins il peut se faire que certaines de ces opérations ne constituent point des améliorations proprement dites. En effet, le fermier en signant son bail a contracté l'obligation de jouir en bon père de famille, c'est-à-dire de satisfaire à la loi de restitution, à cette loi d'économie agricole suivant laquelle on doit rendre à la terre sous forme d'engrais bien choisis les quantités d'azote, d'acide phosphorique, de potasse et de chaux qui ont été enlevées par les récoltes, les autres éléments : oxygène, hydrogène et carbone (produits hydrocarburés) se trouvant en quantité suffisante dans le sol ou dans l'air. Si donc le preneur d'un fonds rural ne fume et n'engraisse les terres que dans la mesure prescrite par cette loi de restitution, il ne rend au sol que le juste équivalent de ce qui en a été exporté par les récoltes, il n'y aura pas augmentation ni par conséquent amélioration au sens propre du mot, la fertilité aura été conservée mais non accrue. Toutefois cette stricte équivalence de l'engrais apporté aux produits exportés est impossible dans les pays de culture intensive où les apports doivent toujours être supérieurs à l'exportation. Pour obtenir une récolte maxima, il aura fallu le plus souvent fournir à la végétation plus d'azote, de phosphore, de potasse et de chaux, que la récolte n'en enlèvera, et si le sol est suffisamment riche en humus, l'excès de ces matières importées s'y accumulera.

Cette réserve enrichira donc d'éléments nouveaux la terre qui en était privée avant les apports d'engrais faits par le fermier. Quels seront, à l'époque de sa sortie de la ferme, les droits de ce dernier sur les avantages qu'il aura pu procurer de la sorte au bien d'autrui ainsi que par d'autres travaux faits durant le temps de son occupation, tels que

drainage, irrigation, défrichement, etc.? La question sera
toute tranchée si les parties ont prévu le cas dans une clause
du bail ou dans une convention postérieure auxquelles il
faudra alors se conformer, et en fait c'est la solution qui se
présentera le plus fréquemment. Comme le disaient avec
raison les députés Normands dans leur exposé des motifs :
« Croit-on qu'un fermier ira souvent construire, planter,
» drainer, défricher, sans s'être auparavant assuré, vis-à-
» vis du bailleur, et avant d'entrer en jouissance, de la
» juste rémunération de ses impenses et de son travail (1). »

Mais si cette entente préalable n'a pas eu lieu, comment,
à la fin du bail, les parties intéressées régleront-elles leurs
droits relativement aux améliorations qui auront augmenté
la valeur soit vénale, soit locative de l'héritage. Le Titre du
Louage est muet sur ce point comme sur celui des constructions et plantations faites sur le terrain loué par le preneur.
Quel autre texte du Code celui-ci pourra-t-il invoquer pour
réclamer le droit à une indemnité? S'appuiera-t-il, comme
dans l'hypothèse de constructions et de plantations, sur
l'art. 555? Il ne le peut, cet article, en offrant au propriétaire l'option soit de garder les travaux en les payant, soit
de les faire enlever, est par le fait même inapplicable aux
améliorations non susceptibles d'enlèvement. — « Lorsqu'il
» s'agit de travaux non susceptibles d'enlèvement, dit Dalloz,
» comme par exemple si le possesseur évincé a desséché un
» marais, défriché une lande, l'art. 555 ne saurait être
» invoqué pour régler les droits des parties, cet article ne
» prévoit que le cas où les travaux peuvent être enlevés (2). »

D'autre part, l'art. 1766 vise bien l'hypothèse où le
fermier a fait des détériorations au fonds loué, mais il ne

parle pas des cas où ce sont des améliorations qui ont été réalisées. Aussi actuellement le fermier est-il sans recours contre le propriétaire pour obtenir l'indemnisation relative aux améliorations de ce genre qui subsistent après son occupation.

Cette situation faite au fermier sortant a paru anormale à plusieurs esprits soucieux des intérêts de l'agriculture, et ils ont résolu de réparer ce soi-disant oubli du législateur en donnant un complément à l'art. 1766; de là naquirent les différentes propositions de lois sur l'indemnité de plus-value que nous avons énumérées plus haut.

Le moment est venu de nous prononcer sur cette grave question de l'indemnité de plus-value au fermier sortant; nous l'aborderons, l'étudierons et la trancherons sans parti pris, en pesant et en considérant impartialement le pour et le contre, sans nous dissimuler toutefois que nous entreprenons une tâche difficile, car nous nous trouvons ici en présence d'un problème ardu plus facile à poser qu'à résoudre, et sur la solution duquel les juristes aussi bien que les agriculteurs sont loin d'être d'accord.

Notre méthode sera la suivante : Nous commencerons par passer rapidement en revue les différentes propositions déposées sur le bureau de la Chambre des Députés française, relativement à la codification de l'indemnité de plus-value; nous y rechercherons et apprécierons les différentes façons dont y sont réglées les questions d'ordre pratique, telles que celles du partage de la plus-value, de l'énumération des améliorations agricoles qui y donnent droit, de la nécessité du consentement du propriétaire ou encore du caractère obligatoire de l'indemnité. — Le principe même de l'indemnité de plus-value sera ensuite l'objet de notre étude approfondie; nous exposerons successivement dans

deux Sections distinctes : d'une part, les arguments qui
semblent la justifier ; et d'autre part, ceux qui la font
repousser. — Enfin nous dégagerons notre opinion de cette
discussion, et nous essaierons de lui donner une conclusion
conforme à la raison et à la justice.

SECTION I

Propositions de lois françaises
relatives à l'indemnité de plus-value.

I. — Nous nous restreindrons aux deux dernières législatures, et nous trouverons comme première en date la proposition de M. Lecomte et de ses collègues, déposée sur le bureau de la Chambre le 23 novembre 1889 (1). D'après ces législateurs, le propriétaire devra tenir compte au fermier des deux tiers de la plus-value que celui-ci aura procurée au fonds loué par ses travaux de culture et qu'il aurait fait constater contradictoirement avant sa sortie. L'autre tiers sera donc abandonné au propriétaire, comme rémunération du capital terre qui est l'un des facteurs de cette plus-value.

Outre l'inconvénient présenté par ce projet, de ne pas indiquer assez clairement ce qu'il entend par travaux de culture, et de laisser ainsi place à de nombreuses contestations, il accorde, selon nous, une liberté excessive au fermier en lui laissant la faculté d'exécuter tels travaux qu'il lui plaira, sauf toutefois les constructions et plantations qui restent régies par l'art. 555. Cette restriction est pour le moins singulière, et nous ne comprenons pas pourquoi le fermier n'aurait pas le droit de faire une plantation qui ne coûterait pas 100 francs, alors qu'on lui reconnaîtrait celui de faire sans l'autorisation du propriétaire un défrichement qui en coûterait 1.000.

(1) Voir le texte de cette proposition suprà, p. 90. (I.)

On peut encore trouver étrange la compétence illimitée donnée par ce projet au juge de paix pour les contestations relatives à l'indemnité due au fermier sortant pour améliorations. Ce magistrat aura-t-il les connaissances nécessaires pour trancher ce débat, et surtout pour le trancher en dernier ressort?

Enfin la plus importante critique à adresser à ce projet, critique qui lui a valu de la part de M. Escorbiac la qualification de « monstrueux », est l'entrave intolérable apportée au droit de propriété par le caractère obligatoire qu'il donne à l'indemnité de plus-value. Il dénie au propriétaire le droit d'empêcher le fermier de faire des impenses plus ou moins utiles, et l'oblige à payer ces impenses en fin de bail, toute clause de bail ou convention ayant pour but d'empêcher l'application de ces dispositions étant déclarée nulle et de nul effet. Les auteurs de cette proposition n'y ont même pas reproduit la disposition atténuante inscrite dans leur projet antérieur (1), qui permettait au bailleur de ne rembourser aucune plus-value, s'il consentait le renouvellement du bail sans augmentation de loyer pour une période qui ne pouvait être moindre de six années, aucune autre amélioration ne pouvant être imposée au propriétaire pendant cette période. Ces derniers scrupules ont disparu, et on édicte désormais d'une manière absolue le droit du fermier à une indemnité envers et contre son propriétaire.

II. — Plus respectueux des droits de ce propriétaire se montrent MM. Thellier de Poncheville, de Mun, etc... dans leur proposition du 28 novembre 1889 (2). Ils établissent une distinction entre d'une part, les améliorations culturales

(1) *Journal officiel.* Doc. parl., Chambre des Députés 1888, annexe n° 2 695.
(2) Voir le texte suprà, p. 50 (2).

qui ont pu être prévues au moment du bail, qui sont la conséquence naturelle d'une gestion intelligente et productive du bien loué, c'est-à-dire les travaux qui sont réellement des travaux de culture, (défrichements, amendements, engrais); et d'autre part, les améliorations pour ainsi dire extrinsèques. — Les premières donneraient toujours droit à une indemnité; pour les autres, il faudrait le consentement tacite du propriétaire. « S'il en était autrement, lit-on » dans leur exposé des motifs, il pourrait arriver que le » fermier ruinât son propriétaire sous prétexte de l'en-» richir (1). »

Ce projet respecte davantage la liberté et les droits du propriétaire en ce sens que s'il déclare aussi l'indemnité obligatoire, disant qu'on ne pourra pas par une clause du contrat priver le fermier de la totalité de la plus-value, il ne fixe pas du moins d'une manière irréductible, comme le projet précédent, aux deux tiers de la plus-value, le chiffre de l'indemnité à payer; il laisse une certaine élasticité aux conventions destinées à régler cette plus-value, et facilite différentes combinaisons, c'est ainsi que dans la pensée de ses auteurs une prolongation de bail sans augmentation de fermage pourrait tenir lieu d'indemnité.

Toutefois les dispositions de ce projet ne nous paraissent point pratiques : d'une part, en effet, c'est au moment de la sortie du fermier qu'il fait constater contradictoirement la plus-value procurée au fonds loué par les améliorations de la première catégorie, les travaux de culture proprement dits. Comment arrivera-t-on à vérifier, à constater, à ce moment de la sortie du fermier, les engrais ou amendements qu'il a incorporés au sol, alors que l'appréciation de la plus-value apportée de la sorte serait déjà difficile si on avait

(1) *Journal officiel*. Doc. parl., Chambre des Députés 1889, annexe n° 118.

préalablement constaté l'épandage de ces engrais sur le sol?
— D'autre part, admettre le consentement tacite du propriétaire comme condition suffisante pour que les améliorations de la seconde catégorie donnent lieu à une indemnité, n'est-ce pas susciter entre bailleurs et fermiers des
débats insolubles? A quoi reconnaîtra-t-on le consentement tacite? — Bien plus, en refusant au propriétaire le
droit de déroger à la règle de l'indemnité obligatoire, ce
projet force le propriétaire à s'opposer même aux améliorations que le fermier voudrait faire à ses risques et à sa
charge, car ils ne peuvent convenir ensemble que ces améliorations ne donneront pas lieu à indemnité.

III. — Le dernier projet déposé sur cette question durant
la législature 1889-1893 est celui de MM. Dugué de la
Fauconnerie et Chaulin-Servinière, en date du 29 mars
1890 (1). L'indemnité est ici équivalente à toute la plus-
value résultant de l'amélioration réalisée, plus-value évaluée
par des experts dont la sentence est sans appel, mais qui
ne peuvent accorder d'indemnité si les améliorations n'ont
pas été réalisées avec l'autorisation du propriétaire.
M. Dugué de la Fauconnerie justifiant cette nécessité de
l'autorisation préalable, disait dans l'exposé des motifs
d'un projet antérieur : « Il est impossible d'admettre que
» l'on puisse imposer à un propriétaire, même avec la
» certitude de l'augmentation de la plus-value de son fonds,
» des sacrifices qu'il peut ne pas pouvoir ou ne pas vouloir
» faire (2). » Malheureusement la clause finale de son

(1) Voir supra, p. 11 (1).

(2) *Journal officiel.* Doc. parl., Chambre des Députés 1887, annexe n° 1692. —
Ce premier projet, déposé le 26 mars 1887, différait profondément de celui que
nous analysons ici. L'indemnité était basée contre toute équité, non pas sur
la plus-value, mais sur la dépense; de plus on déduisait de cette dépense les
fruits que le fermier avait perçus en surcroît par suite des améliorations.

projet qui déclare nulle toute convention contraire aux dispositions précédentes, empêche bien souvent le propriétaire de donner son autorisation à la réalisation de l'amélioration. En effet, pourquoi ne point permettre au bailleur de débattre librement avec son preneur les conditions du contrat ? — Pourquoi leur imposer à tous deux un mode d'évaluation qui peut ne pas leur convenir ? — Plutôt que d'accepter ce mode, ils préféreront souvent ne pas entreprendre l'amélioration. N'est-ce pas briser toute initiative, toute tentative de progrès que d'enchaîner ainsi les parties par un texte de loi aussi étroit.

IV. — Des deux propositions qui ont été faites au cours de la législature actuelle, la première seule retiendra notre attention ; la seconde, déposée par MM. Lechevallier et ses collègues, le 20 janvier 1894, n'a comme mérite que la brièveté de son article unique (1) qui se borne à accorder au fermier sortant une indemnité à raison de toutes améliorations du sol lorsqu'il en aura augmenté la productivité. On n'y trouve tranchée ni la question de la procédure à suivre, ni celle de l'étendue de l'indemnité ou de la distinction des améliorations.

V. — Tout autre est le projet de loi de M. Dubois qui a été adopté par la Commission chargée d'examiner ces deux projets, et qui, à la suite d'un rapport fait sur le fonds par son auteur, est actuellement proposé au vote de la Chambre des Députés (2). Cette proposition ne reconnaît au fermier sortant le droit à une indemnité que pour la plus-value procurée au fonds loué par des amendements, fumures, travaux

(1) Voir suprà, p. 12 (1).
(2) Voir suprà, p. 11 (2).

de culture et d'assainissement, mais ne comprend pas dans ces derniers les travaux de drainage et d'irrigation. L'intervention et le consentement du propriétaire seront nécessaires pour l'exécution de ceux-ci que M. Dubois, dans son exposé des motifs, considère comme améliorations foncières qui, à défaut de conventions spéciales, continueront à être régies par l'art. 555 du Code civil. Nous nous permettrons de faire observer que cet article ne peut s'appliquer dans l'espèce, puisqu'il prévoit un enlèvement impossible dans le genre de travaux envisagés ici. On peut détruire et combler des fossés d'irrigation, mais non pas les enlever ; de même le coût des travaux que nécessiteraient la reprise des tuyaux de drainage et la remise du terrain en son état antérieur serait bien supérieur au prix des tuyaux ainsi enlevés.

Cette proposition ne partage pas la plus-value entre le bailleur et le fermier comme l'avaient fait les propositions précédentes, mais elle attribue toute l'indemnité au cultivateur. Seulement elle laisse au bailleur le choix entre deux partis : ou bien il peut s'acquitter en argent, en obtenant, si cela est nécessaire, des délais pour se libérer, à charge de payer des intérêts au taux légal, et à la condition que ces délais n'excèderont pas cinq ans ; ou bien il peut requérir le juge de remplacer l'indemnité pécuniaire par une prorogation de jouissance au prix et aux conditions du bail expiré, sans que cette prorogation puisse excéder six années et sans que, durant cette prorogation, la jouissance du preneur puisse donner lieu à son profit à une réclamation pour plus-value. — Cette mesure produirait-elle de bons résultats? Le fermier sortant déçu dans son espoir de toucher l'indemnité, objet de ses désirs, ne mettrait-il pas toute son ardeur à épuiser le sol pendant cette prorogation qu'il subirait malgré lui? — Il est au moins permis de le craindre. De plus, il nous faut faire observer l'anomalie que présente ici cette proposition de loi : par la faculté de prorogation, un bail de six ans pourra être porté à une durée de douze ans, et ne plus donner lieu à aucune indemnité à son expiration, tandis que les parties n'auraient pu valablement contracter dès l'origine avec cette condition un bail de même durée totale.

En effet, et c'est la dernière critique que nous adresserons à ce projet, le principe de l'indemnité est déclaré obligatoire ; ce caractère impératif est une atteinte à la liberté des conventions sur laquelle nous reviendrons plus loin, de même que sur les complications et les difficultés d'appréciation que présenterait l'expertise à laquelle on devrait recourir pour fixer l'étendue de l'indemnité.

L'analyse de ces différentes propositions de lois nous a démontré la divergence d'opinions qui règne sur les différentes questions d'ordre pratique soulevées par l'indemnité de plus-value au fermier sortant : Faut-il comprendre comme droit à cette indemnité toutes les améliorations agricoles, celles qui changent la nature de l'exploitation aussi bien que celles qui touchent seulement à l'amélioration des cultures ? Y a-t-il lieu de diviser les améliorations en immobilières, foncières, culturales, et de faire une énumération limitative dans la loi de celles qui donneront lieu à une indemnité ? Le fermier pourra-t-il toujours se passer de l'autorisation du propriétaire ? Dans quelle mesure faut-il partager la plus-value entre le fermier et son bailleur ; celui-ci aura-t-il droit à un tiers, à un cinquième ou à tout autre part ? Enfin faut-il reconnaître l'indemnité obligatoire et déclarer nulle toute renonciation qu'y ferait un fermier dans le bail ? Des solutions satisfaisantes n'ont pas encore été données à ces divers points d'interrogation, mais avant d'y répondre et de chercher à formuler un texte de loi tranchant toutes ces difficultés, la logique et la sagesse exigent qu'on examine la question de principe elle-même et que l'on se demande s'il est juste et utile d'accorder au fermier sortant une indemnité représentant la plus-value produite par son travail.

Ce sera tout l'objet des deux Sections suivantes.

SECTION II

Essai de justification de l'indemnité de plus-value.

Nous pouvons partager en deux principaux groupements les arguments qui militent en faveur de l'indemnité de plus-value, et donner au premier groupement l'étiquette juridique, au second l'étiquette économique.

§ 1. Arguments juridiques.

I. — Ancien Droit.

On invoque d'abord à l'appui du droit du fermier sortant à l'indemnité les lois 55 § 1 et 61 au Digeste (*Locati conducti*) que nous avons déjà mentionnées (1) et que les partisans de l'indemnité de plus-value interprètent en faveur de leur système, mais on s'appuie particulièrement sur l'opinion du jurisconsulte Domat déjà citée aussi et que nous rapellerons ici : « Si le fermier, dit-il, a fait des améliora-
» tions dont il ne fût pas tenu par le contrat de bail, comme
» s'il a planté une vigne ou un verger, ou s'il a fait des
» dépenses semblables qui ont augmenté le revenu de la
» ferme, il les recouvrera suivant les règles édictées en
» l'art. 17 de la Section 10 du Contrat de Vente. »

II. — Assimilation du preneur au possesseur de mauvaise foi.

Si de l'Ancien Droit on passe au Droit Moderne, on

(1) Voir suprà, p. 20 et 21.

trouve dans le Commentaire fait par M. Demolombe de
l'art. 555 (1) un puissant argument d'analogie en faveur
du fermier sortant ayant apporté à la terre des améliorations
qui subsistent après son départ. Cet auteur envisage en
effet le cas où un possesseur de mauvaise foi évincé a fait
sur le terrain d'autrui des améliorations non susceptibles
d'enlèvement, et décide avec raison que l'art. 555 ne saurait lui être appliqué puisque l'option offerte par cet article
au propriétaire est impossible. Mais quelle sera alors la
situation du possesseur évincé? Lui refusera-t-on toute
action pour se faire indemniser? M. Demolombe n'admet
pas cette solution extrême et cherche dans les situations
juridiques prévues par le Code celle qui offre le plus d'analogie avec celle de ce possesseur évincé, il la trouve dans le
quasi-contrat de gestion d'affaires, et demande en conséquence qu'on accorde à ce possesseur évincé une sorte
d'action *utile* qui lui permette de recouvrer ses impenses,
au moins jusqu'à concurrence de la plus-value.

Telle est aussi l'opinion de MM. Aubry et Rau (2), conforme d'ailleurs à un arrêt de la Cour de Cassation du 22
août 1865, qui décide que le droit accordé au propriétaire de
demander la suppression de constructions, plantations, ou
autres ouvrages faits sur sa propriété par le possesseur de
mauvaise foi, ne s'applique pas aux améliorations qui se sont
identifiées avec le sol et n'en peuvent être séparées. En
pareil cas les situations respectives du possesseur et du
propriétaire doivent se régler par une indemnité de plus-
value (3).

(1) DEMOLOMBE, t. IV, n° 680.
(2) T. II, p. 363, § 201.
(3) Cass. 22 août 1865. — S. 66, 1, 153. — D. P. 65, 1, 359.
Sic : DEMANTE. Cours analyt., t. II, n° 393 *bis*, I. — LAURENT, t. VI, n°° 269
et 270. — Contra : DU CAURROY, BONNIER et ROUSTAIN. t. II, n° 113.

Cette action de gestion d'affaires que M. Demolombe réclame même pour le possesseur de mauvaise foi, cette indemnité de plus-value que la Cour de Cassation lui accorde, on se demande pourquoi on ne les reconnaîtrait pas aussi au preneur. N'y a-t-il pas identité de situation entre celui-ci et le possesseur de mauvaise foi? N'apportent-ils pas tous deux des améliorations à un terrain dont ils savent n'être pas les propriétaires? Ne sont-ils pas tous deux des détenteurs précaires qui connaissent parfaitement la précarité de leur titre? — Il n'y a donc point de raison pour les traiter différemment et pour accorder au possesseur de mauvaise foi une indemnité, alors qu'on la refuserait au preneur dans les mêmes conditions.

III. — Réciprocité.

Accorder l'indemnité de plus-value au fermier sortant, ce ne serait pas seulement, dit-on, se conformer à l'analogie existant avec le cas précédent, ce serait aussi sauvegarder un strict principe de justice. La prescription de l'art. 1766 du Code civil qui oblige à des dommages-intérêts au profit du bailleur le fermier qui abandonne la culture, ou ne cultive pas en bon père de famille, demande à être complétée par une prescription réciproque qui oblige à une indemnité au profit du fermier le bailleur qui rentre en possession d'une terre améliorée par son tenancier. « Si le fermier détériore » le sol, écrit M. Baudrillart, il paye une indemnité. S'il » l'améliore pour une durée qui dépasse son bail, évincé, » il n'en reçoit aucune de par ce même Code civil. C'est » là ce qu'on trouve juste. C'est là ce que nous trouvons » inique (1). » Et M. Maxime Lecomte disait également

(1) *Journal des Économistes.* — Août 1889.

dans l'exposé des motifs de son projet de loi : « Si, par sa
» mauvaise culture, le fermier produit une détérioration
» du fonds, il doit, d'après le Code civil, réparer le pré-
» judice ainsi causé au bailleur. Mais si ce dernier profite
» d'améliorations importantes, il ne doit rien à son fermier.
» Cette législation tient-elle suffisamment compte des prin-
» cipes de justice et d'utilité sociale ? »

IV. — Équité.

En dehors même de ce motif de réciprocité, il y aurait
un motif supérieur, une raison plus élevée qui réclamerait
la codification de l'indemnité de plus-value, c'est un motif
d'équité même. Un principe, en effet, domine toutes les
règles du droit et doit toujours être respecté, c'est celui qui
déclare que « nul ne peut s'enrichir aux dépens d'autrui. »
Quand le fermier, dit-on, par des travaux intelligents, des
soins nombreux, des apports considérables d'engrais, a
rendu plus fertile le sol qu'il cultive, lui a apporté des
richesses qu'il ne possédait pas auparavant, et quand ces
richesses subsistent après son départ, à qui profiteront-
elles, si ce n'est au propriétaire qui verra la valeur vénale
ou locative de sa terre augmenter d'autant.

Si on reconnaît à ce propriétaire le droit de rentrer en
possession de cette terre ainsi améliorée sans bourse délier,
il semble manifeste qu'on lui accorde un avantage au détriment du fermier, en un mot qu'on lui permet tout simplement de s'enrichir aux dépens d'autrui. Les partisans de
l'indemnité de plus-value protestent contre cette violation
de l'équité et demandent la rédaction d'un texte de loi qui
comble dans notre Code une lacune aussi regrettable. Il
faut réparer, d'après eux, cet oubli du législateur de 1804,

et par une disposition additionnelle à l'art. 1766, reconnaitre au fermier contre le bailleur le bénéfice de l'action en indemnité de plus-value que les articles 861, 1375, 1381 et 1673 accordent déjà au donataire d'un immeuble sujet à rapport contre les héritiers, au gérant d'affaires contre le géré, au possesseur de mauvaise foi évincé contre le propriétaire, à l'acheteur à réméré contre le vendeur.

§ 2. — Arguments économiques.

Les défenseurs de l'indemnité de plus-value prétendent que celle-ci est réclamée tout aussi impérieusement par des raisons économiques que par les raisons juridiques énoncées dans le paragraphe précédent.

I. — Devoir du propriétaire envers la terre.

Ils invoquent tout d'abord, en faveur de l'intervention du législateur dans cette question de l'indemnité de plus-value, le droit appartenant à la société, c'est-à-dire à l'État de forcer le propriétaire à remplir les obligations qu'il a envers la terre. Le propriétaire tel qu'il devrait être, dit-on, est un esprit supérieur qui, faisant acte de propriété sur une terre, s'efforce de remplir tous les devoirs inhérents à sa qualité de propriétaire, qui remplit son devoir social. Or le devoir social du propriétaire à l'égard de sa terre, c'est l'obligation pour lui de faire en sorte que la terre tende vers le maximum d'utilité sociale.

« Le propriétaire, dit M. Baudrillart, n'a pas seulement
» un droit sur la terre, il a encore un devoir envers elle
» qui consiste à la maintenir en bon état, à lui donner
» tous les perfectionnements possibles, car si elle est un

» bien individuel, elle est aussi un instrument social et
» celui qui le néglige diminue la quantité des récoltes, ce
» qui est une cause de préjudice pour la société ; s'il
» délègue son droit à son fermier, il lui délègue aussi
» ses obligations et pour que le fermier puisse les rem-
» plir, il faut « tendre jusqu'à sa suprême et juste limite
» son intérêt personnel » en lui assurant à sa sortie une
» indemnité pour les améliorations qu'il a faites dans le
» cours du bail : du devoir du propriétaire se déduit le
» droit de la société, c'est-à-dire de l'État, à intervenir
» lorsque le propriétaire ne remplit pas ce devoir (1). »

M. Baudrillart revient encore ailleurs sur cette idée du
« devoir du propriétaire » et s'exprime en ces termes :
« Ce qui est à éviter, c'est qu'on parle de droits sans
» parler d'obligations. Ce n'est pas en vain qu'on a dit
» que le propriétaire contracte « un devoir envers la terre »
» S'il la laisse dépérir, s'il n'entretient pas ses forces pro-
» ductives, et, au cas où il la loue, s'il prend telle ou
» telle mesure qui tende à diminuer ces forces déposées en
» quelque sorte entre ses mains, il manque à son obliga-
» tion envers la société ; il est mauvais administrateur d'un
» bien individuel sans doute, mais dont la gestion a une
» influence sociale immense ; car il dépend de lui dans une
» forte mesure de créer l'abondance ou la disette, de con-
» tribuer à répandre le bien-être ou d'imposer aux autres
» des privations, et, par suite, à peupler ou à dépeupler
» son pays (2). »

II. — Intérêt général.

Cet économiste et ceux qui partagent son opinion donnent

(1) Congrès International, p. 307.
(2) *Journal des Économistes*, 15 août 1889.

l'intérêt général comme base à ce devoir du propriétaire envers la terre qui, l'obligeant par une sorte de prolongement jusque dans la personne de son fermier, nécessite et légitime l'indemnité de plus-value. Cet intérêt général demande en effet, disent-ils, que les terres soient bien cultivées et amenées par une culture intensive au maximum de rendement, but atteint facilement avec la perspective de l'indemnité de plus-value.

MM. Maxime Lecomte, Évrard-Éliez, etc., exposent ainsi ce motif d'intérêt général : « Il paraît incontestable que l'un » des principaux obstacles au progrès agricole est le défaut » d'intérêt des locataires à améliorer les fonds qu'ils dé- » tiennent. Les baux n'ont ordinairement qu'une durée » assez courte, et s'ils ne sont pas renouvelés plusieurs » années à l'avance, il arrive qu'on n'en obtient que quatre » ou cinq ans de pleine production, de rendement normal, » pour toute la durée du bail, le preneur employant les » premières années à mettre le domaine en état et les der- » nières à le remettre au même état qu'à son entrée. Il » résulte de ce fait un déficit dans la production nationale » qu'il est difficile de chiffrer, mais qui a certainement une » importance considérable.

» La proposition qui nous est soumise rencontre une » objection de principe fondée sur le droit absolu du pro- » priétaire : ainsi formulée, l'objection ne peut tenir, le » droit de propriété, comme tous les autres, recevant les » restrictions voulues par l'intérêt général.

» Il est désirable que toutes les parties du territoire » soient, autant que possible, mises en culture et conve- » nablement exploitées (1). »

(1) *Journal officiel*, Doc. parl., Chambre des Députés 1889, annexe n° 79, p. 205.

Nous trouvons la même idée formulée dans l'exposé des
motifs de la proposition de loi de MM. Lechevallier, Breton, etc.... « On objectera, y lisons-nous, que le rembour-
» sement par le propriétaire de la plus-value porte atteinte
» au droit de propriété ; cette considération ne saurait nous
» arrêter en présence de l'intérêt national qui est en jeu,
» car on ne pourrait mieux appliquer la raison d'utilité
» publique et d'intérêt général que lorsqu'il s'agit d'une
» mesure tendant à pousser au plus grand développement
» de la production de notre sol ; à une mesure qui aurait
» pour résultat d'augmenter dans de fortes proportions nos
» rendements actuels (1). »

Aujourd'hui, prétend-on, cet intérêt général semble
sacrifié, et les terres sont loin de rendre tout ce qu'elles
pourraient produire. En effet, on distingue deux périodes
bien caractérisées dans le mode d'exploitation des terres
par le fermage. La première période est une période d'amélioration. Le fermier, au commencement de son bail, trouve
le plus souvent les terres épuisées par son prédécesseur ; il
les amendera, nettoiera, ameublira, fertilisera, en un mot
les mettra en état de production : après trois années de
sacrifices, il pourra recueillir le fruit de ses avances, et continuera à obtenir de bonnes récoltes, tant qu'il emploiera
les meilleurs procédés de culture. Mais bientôt le bail appro-
chera de sa fin ; alors commencera la deuxième période,
période d'épuisement durant laquelle le cultivateur, ignorant
des dispositions du propriétaire à son égard, refusera de
faire des avances à la terre de crainte de ne pas en recueillir
le bénéfice ; il lui prendra le plus possible et lui rendra le
moins possible, de telle sorte qu'il remettra à son succes-

---

(1) *Journal officiel*, Doc. parl., Chambre des Députés 1891, annexe n° 287.

seur une terre épuisée telle qu'il l'avait reçue. Ce successeur
sera, comme lui, obligé de recommencer, au grand désavantage de tous, ses rudes labeurs, et c'est ainsi que de trop
nombreux fermiers sont condamnés, suivant l'expression
d'un agronome, à un véritable travail de Pénélope. « Les
» conséquences de ce système, disent MM. Lechevallier et
» ses collègues, s'aperçoivent de suite; elles se traduisent
» par une perte considérable pour le pays; la production
» nationale est amoindrie au grand préjudice de tous. En
» effet, si les agriculteurs, dans le cours d'un bail de neuf
» années, sont obligés, pendant trois ou quatre ans, de
» faire des avances au sol pour remettre la culture de la
» ferme en bon état, chaque exploitation se trouve en déficit
» de production pendant une longue période. L'argument
» tiré de l'atteinte portée à la propriété ne saurait donc
» prévaloir devant ce grand intérêt national (1). »

Il est donc urgent de remédier à un état de choses aussi
déplorable, il faut empêcher le fermier « d'éreinter la terre »
durant les dernières années de son bail, pour le plus grand
préjudice de la production du pays. Or, le seul moyen
d'obtenir de l'exploitant qu'il conserve à la fin du bail les
richesses amoncelées par lui dans le sol, c'est de lui pro-
mettre une indemnité équivalente à la plus-value qu'il laissera à ce sol au moment de sa sortie. Cette indemnité le
dédommagera de ses dépenses et de ses travaux qui ne
peuvent équitablement rester sans récompense. Quand l'exploitant d'une terre sera assuré d'avoir droit à la fin de son
bail à la plus-value qu'il aura apportée à cette terre par ses
soins culturaux et de ne pas perdre les dépenses qu'il aura
faites et dans lesquelles il n'aura pu encore rentrer, il

(1) *Journal officiel*, Doc. parl., Chambre des Députés 1895, annexe n° 287.

n'épargnera plus à cette terre ses soins et son travail, et la maintiendra ainsi en excellent état jusqu'au moment où il la rendra à son propriétaire ou à son successeur. De la sorte aucun ralentissement ne se produira dans la production ; par suite l'intérêt général sera sauvegardé aussi bien d'ailleurs que l'intérêt particulier du propriétaire dont la terre aura gardé toute sa fertilité et par conséquent toute sa valeur.

Ainsi seront satisfaits et l'intérêt du fermier et celui du propriétaire, intérêts qui doivent être unis et combinés pour réaliser la meilleure et la plus forte production possible. « Actuellement, dit M. Dubois, le fermier n'est plus un
» simple tenancier et, pour ainsi dire, un simple serviteur
» du propriétaire, mais un industriel, qui cherche non seu-
» lement les moyens de subvenir aux besoins quotidiens de
» sa famille, mais aussi l'amélioration de sa situation dans
» le présent et l'existence assurée pour sa vieillesse. Si le
» propriétaire fournit le capital fondamental, l'outil prin-
» cipal, le sol, le fermier expose les capitaux nécessaires
» pour l'exploitation, ses soins, son travail, les connais-
» sances techniques qui deviennent de plus en plus indis-
» pensables au fermier qui veut réussir. Nous nous trou-
» vons en face de deux capitaux qui doivent être unis pour
» atteindre la plus grande somme de rendement pos-
» sible (1). »

Avant d'en finir avec cet argument de la raison d'intérêt général, il nous faut dire comment les partisans de l'indemnité de plus-value répondent à l'objection de principe basée sur le droit absolu du propriétaire, que leur font leurs adversaires. Voter cette loi, disent ceux-ci, serait

(1) *Journal officiel*, Doc. parl., Chambre des Députés 1895, annexe n° 1618 p. 1597.

tomber dans l'arbitraire et renier la liberté. N'est-on pas libre, en effet, de faire ce que l'on veut de sa terre, même de la laisser inculte? — Non pas, leur réplique-t-on, cette liberté doit être restreinte quand son libre jeu compromet des intérêts de la gravité de ceux signalés plus haut. On trouve, du reste, bien des exemples d'une semblable restriction qui ne sont pas autrement justifiés : Songe-t-on à s'opposer aux expropriations de toutes sortes et pour toutes causes qui sont elles aussi une atteinte à la liberté de la propriété? N'approuve-t-on pas également la réglementation du temps de travail des femmes et des enfants dans les manufactures? Enfin n'est-il pas permis de séquestrer et même de faire abattre nos bestiaux reconnus atteints de maladies contagieuses? Pourquoi donc admettre des entraves à la liberté dans ces cas, et les repousser quand elles sont utiles au développement de la production agricole de toute la nation.

III. — CRÉDIT AGRICOLE.

Cet intérêt général sous lequel devrait ainsi plier et disparaître le droit du propriétaire, au nom du prétendu devoir de celui-ci envers la terre, n'est pas le seul argument économique invoqué en faveur de l'indemnité de plus-value. Par cette indemnité serait résolue facilement et à peu de frais, paraît-il, l'inquiétante et importante question du Crédit agricole. C'est encore M. Dubois qui va nous expliquer l'intime connexité existant entre ces deux questions. « Le » vote de la loi proposée, nous dit-il dans son dernier rap- » port, serait certainement un grand pas vers la solution » de la question du Crédit agricole. Un résultat si désirable » serait atteint sans demander aucun crédit nouveau et

» sans surcharger le budget de l'État déjà si lourd pour
» les contribuables.

« Si la loi, en effet, vient dire que les améliorations,
» les amendements, les engrais, en un mot la plus-value
» que le fermier a donnée à son exploitation ne sera pas
» perdue pour lui et lui sera payée en cas de sortie, cela
» constituerait un gage presque aussi sûr que la propriété
« elle-même. Et tous, même ceux n'ayant pas les res-
» sources nécessaires, pourront réaliser les premiers sacri-
» fices et les progrès réclamés par la culture intensive ; ils
» trouveront facilement à acquérir à crédit instruments,
» engrais et amendements dont ils auront besoin (1). »

IV. — Longue durée des baux.

Nous terminerons cette énumération des arguments économiques en faveur de l'indemnité au fermier sortant, en
disant que suivant certains esprits, cette question est étroite-
ment liée à celle des baux de longue durée dont elle assurera nécessairement le développement, car le propriétaire
qui congédie légèrement un preneur à bail pour quelque
médiocre surenchère trouvera un frein dans l'obligation
d'indemniser. Cette réforme introduite dans les baux à
ferme en augmenterait donc la fixité et la longue durée qui
sont, de l'avis de tous, indispensables au progrès de
l'agriculture.

§ 3. — Loi Anglaise.

Outre les raisons juridiques et les raisons économiques,
les partisans de cette réforme législative se réclament encore

(1) *Journal officiel*, Chambre des Députés, Doc. parl. 1895, annexe n° 1618,
p. 1189.

de l'exemple donné à ce sujet par l'Angleterre. « Nos
» voisins, disent ces novateurs, nous ont devancés dans
» la voie où nous voulons entrer. Déjà depuis longtemps,
» depuis près d'un siècle, sous la pression des protestations
» des tenanciers, des coutumes locales sanctionnées par
» des décisions judiciaires s'étaient lentement formées,
» lesquelles imposaient au landlord l'obligation de racheter
» par une indemnité de plus-value les impenses utiles qui
» avaient été faites sur son héritage. L'expérience ayant
» démontré combien ces coutumes étaient favorables à
» à l'agriculture en général, le législateur anglais n'a pas
» cru pouvoir se dérober aux doléances si légitimes des
» tenanciers et à ses devoirs envers le pays. Abordant
» hardiment le problème que l'opinion l'invitait à résoudre,
» il a revêtu de la sanction de la loi les coutumes locales,
» et par l'act de 1875 sur les fermages, il a consacré le
» principe si équitable de l'indemnité de plus-value. »

Cette loi de 1875 laissait l'indemnité facultative en
reconnaissant aux preneurs et aux bailleurs la liberté
absolue de régler leurs conventions. Elle fut modifiée et
complétée par une loi de 1883 qui déclare l'indemnité obligatoire et dont nous avons donné l'analyse plus haut (1). —
L'Angleterre, prétend-on, a fait une expérience concluante,
elle a donné pleine et entière satisfaction aux tenanciers et
un essor immense à la production agricole.

Que nos législateurs, ajoute-t-on, s'inspirent donc des
leçons de l'étranger, et qu'ils opèrent dans les règles du
bail à ferme une réforme qui semble être demandée et
réclamée par les plus stricts principes de la justice aussi
bien que par les lois les plus fondamentales de l'économie
agricole.

(1) Voir suprà, p. 55, 57 et 58.

SECTION III

Critique de l'indemnité de plus-value.

Nous venons de voir au nom de quels principes et de quels intérêts on déclare juste et nécessaire la réforme proposée. Ses promoteurs, il faut l'avouer, semblent à première vue avoir le bon droit de leur côté, et occuper d'excellentes positions tant sur le terrain juridique que sur le terrain économique et celui du droit comparé.

Toutefois si, en se gardant de la première impression, on se livre à un examen attentif de la question, on s'aperçoit bien vite qu'à ces premiers et puissants arguments, d'autres tout aussi puissants peuvent être opposés en sens contraire, et qu'à certaines raisons tirées des principes du droit et de l'économie rurale de sérieuses objections peuvent être faites. En un mot, on reconnaît beaucoup de points faibles dans les positions où se sont établis les partisans de l'indemnité de plus-value, positions prétendues inexpugnables dont nous allons néanmoins faire le siège et tenter l'assaut.

§ 1. Arguments juridiques.

I. — Ancien Droit.

Relevons seulement pour mémoire l'interprétation favorable au système de la plus-value tirée des deux lois du Digeste précitées ; nous n'attachons, en effet, aucune importance, pour la solution de cette question, à des textes vagues et à double sens dont la traduction soulève des controverses qui n'ont pu encore être tranchées (1).

Quant au texte de Domat, dont la portée est d'ailleurs considérablement diminuée par l'effet de la règle édictée en l'art. 17 de la Section 10 du Contrat de Vente (2), à laquelle il renvoie, nous lui opposerons le § 131 du Traité du Contrat de Louage de Pothier, où ce jurisconsulte refuse au locataire le droit de se faire rembourser d'impenses utiles par le locateur qui n'a point donné ordre de les faire. Ces décisions diamétralement opposées de deux grands maîtres de l'ancien Droit prouvent qu'alors comme aujourd'hui un grand désaccord régnait parmi les juristes sur cette question de l'indemnité de plus-value.

II. — Droit Moderne.

En revanche, les juristes contemporains partagent presque tous l'opinion de Pothier et refusent au fermier sortant l'indemnité (3).

La jurisprudence est aussi constante dans les quelques décisions judiciaires intervenues sur ce sujet. C'est ainsi qu'un arrêt de la Cour de Cassation du 22 mars 1875 (4) refuse implicitement au fermier qui a fait des impenses, le droit à une indemnité, puisque dans l'espèce il l'accorde seulement au preneur parce que ce preneur est à la fois fermier et tuteur de son enfant. C'est comme tuteur et non

(1) V. chap. I, p. 20, 21 et 22.

(2) « De deux choses l'une : ou durant sa jouissance, et grâce aux fruits qu'il » a recueillis, l'acquéreur évincé a récupéré ses avances, auquel cas toute in- » demnité lui sera refusée; une indemnité au contraire lui sera due, si la » valeur des fruits recueillis est inférieure au montant des dépenses. »

(3) Sic : Toullier, t. III, n° 130. — Troplong, du Louage, n° 355 — Guillouard, du Louage, t. II, n° 555 (vise seulement l'apport exceptionnel d'engrais). — Laurent, t. XXV, n° 151. — Dalloz, Rép., V° Louage, 561 et 562 — Supplément. n° 121.

(4) D. P. 75, 1, 188.

pas comme fermier qu'il recevra le remboursement de ses impenses. Nous avons déjà cité dans le même sens un arrêt de la Cour d'appel de Douai du 8 juillet 1891.

III. — ASSIMILATION DU PRENEUR AU POSSESSEUR DE MAUVAISE FOI.

On prétend, avons-nous dit, traiter au moins le preneur comme le possesseur de mauvaise foi qui a fait des améliorations sur le terrain dont il est évincé et auquel on accorde, avec M. Demolombe et d'autres auteurs, une action de gestion d'affaires pour réclamer une indemnité de plus-value. L'analogie entre les situations respectives de ces deux détenteurs précaires est évidente, affirme-t-on ; affirmation dont la vérité ne nous semble nullement démontrée.

Entre le possesseur de mauvaise foi évincé qui a fait des améliorations sur un terrain et le propriétaire de ce terrain, il n'existe aucun rapport de droit, aucun lien juridique qui puisse servir de règle à leurs obligations réciproques. L'absence de contrat préexistant explique ici la nécessité de créer une action spéciale qui empêche l'honnêteté d'être sacrifiée, car il était impossible aux parties en présence de se concerter, de se pressentir, et de résoudre amiablement et à l'avance les difficultés qui devaient plus tard les mettre aux prises.

Tout autre, au contraire, est le cas du fermier qui a fait des améliorations aux terres louées. Il ne les a faites qu'en connaissance de cause, instruit de la situation où le plaçait le contrat passé entre lui et le propriétaire. Avant de signer ce contrat, il a pu en discuter les différentes conditions, méditer à loisir le sens des diverses clauses, en calculer la portée et ne s'engager qu'à coup sûr. A-t-il effectué ensuite, en cours de bail, des améliorations purement culturales, ces améliorations par leur nature sont pour ainsi dire comprises dans l'obligation qu'il a contractée de cultiver en bon père de famille; elles sont le simple résultat d'une bonne culture, et ne peuvent par conséquent lui servir de base pour une action en indemnité. En a-t-il fait de plus importantes, des améliorations foncières, extrinsèques, qui n'étaient point prévues pendant le bail, le fermier savait donc qu'il ne pourrait pas en réclamer le prix au bailleur, et s'il les a entreprises sans entente préalable avec celui-ci, il ne peut que se reprocher son imprudence, imprudence dont ne peut être accusé le possesseur de mauvaise foi qui possède sans titre ou ne sait quel propriétaire avertir. Encore une fois, le fermier n'ignorait pas qu'un contrat le liait au bailleur, et que ce contrat était la seule règle de leurs rapports réciproques.

On comprend qu'on crée de toutes pièces un quasi-contrat, qu'on invente, qu'on forge une gestion d'affaires là où n'existe aucun autre contrat pour résoudre une difficulté entre deux parties, comme cela se présente pour le possesseur de mauvaise foi en question, mais la même nécessité n'existe plus pour le fermier sortant qui est pourvu, lui, d'un acte en bonne et due forme.

D'ailleurs il serait antijuridique, croyons-nous, de donner une action de gestion d'affaires au fermier contre le bailleur; car greffer un quasi-contrat de gestion d'affaires sur le bail à ferme, ce serait changer la nature du Louage, contrat où les deux parties sont intervenues, sachant toutes deux à quoi elles s'engageaient : le fermier a pris en considération la nature des terres, le propriétaire a considéré l'habileté du fermier. — Il est bon de se rappeler ici la juste notion du bail à ferme et les principes qui le gouvernent. Le fermier, tenu de rendre la terre dans l'état où

il l'a trouvée, calcule le prix offert en conséquence, en raison de l'intérêt qu'il a à contracter; les améliorations
apportées par lui le sont dans le but d'en tirer un profit
personnel et nullement dans celui de faire l'affaire du propriétaire; les augmentations de produits qui en résultent
lui remboursent ses avances et constituent pour lui un
bénéfice propre. Pourquoi alors modifier la nature du contrat et transformer un bail en gestion d'affaires? Le bailleur qui cède sa chose consent à la livrer avec l'intention
d'en tirer un revenu; on n'a pas le droit, par une sorte de
surprise, de lui demander ensuite le paiement d'un capital.

On perd donc de vue ce véritable caractère du bail à ferme,
et on s'écarte des principes généraux du droit en voulant
donner au preneur comme au possesseur de mauvaise foi
une action de gestion d'affaires, pour se faire indemniser
des améliorations par lui apportées au sol loué.

IV. — RÉCIPROCITÉ.

C'est aussi pour avoir méconnu les règles du Contrat de
Louage que les partisans de l'indemnité de plus-value ont
réclamé cette indemnité en cas d'amélioration comme corollaire et pendant de celle exigée du fermier par l'art. 1766
en cas de détérioration du fonds loué. La réciprocité n'existe
pas et ne peut exister. Aucun parallèle n'est possible entre
la situation du fermier qui a amélioré le fonds et celle du
fermier qui l'a détérioré.

Celui qui détériore le fonds ne remplit pas ses obligations, car il est obligé par le contrat de bail qu'il a signé
de jouir du domaine en bon père de famille, et de le rendre
dans l'état où il l'a reçu. L'art. 1766, en exigeant du fermier une indemnité en cas de détérioration, ne fait que

sanctionner cette obligation, et cette condition de la conservation de la chose louée est de l'essence même du Contrat de Louage (art. 1728); on ne peut la supprimer sans en changer la base même. Le fermier, ne l'oublions pas, est un locataire et non pas un propriétaire. De par ce titre de locataire, il est tenu à jouir de la chose dans la limite de son bail, c'est-à-dire à conserver son entière valeur à la terre louée. Lors de la conclusion du contrat, il connaissait parfaitement l'étendue de l'engagement qu'il prenait; par conséquent l'indemnité prescrite par l'art. 1766 est amplement justifiée.

Il en est autrement de l'indemnité prétendue réciproque qu'on voudrait accorder au fermier sortant, au cas d'améliorations faites par lui dans le cours du bail, sans l'autorisation et même à l'insu du propriétaire. Ajouter à l'art. 1766 la disposition complémentaire proposée serait changer entièrement la situation des deux parties en présence. Comme le disait très bien M. Tournyer : « En accordant » au fermier le droit de faire les améliorations qu'il vou- » drait, on lui donnerait les droits du propriétaire, dont on » en ferait comme un associé, ayant tous les droits sur la » chose louée, sauf le droit de vente. De quel côté la » justice et l'équité seraient-elles le plus violées? (1). »

Le propriétaire serait, en effet, complètement livré à la merci de son fermier. Autant l'obligation de ne pas détériorer imposée à ce dernier par l'art. 1766 est nette, précise, déterminée; autant l'obligation, qu'on voudrait imposer au propriétaire, d'indemniser le fermier ayant amélioré est vague, incertaine, indéterminée. La première découle naturellement du Contrat de Louage : le fermier doit cul-

(1) Rapport à l'Assemblée générale de la Société des Agriculteurs de France, du 11 février 1890. — V. *Bulletin de la Société*, 1er mars 1890.

tiver d'une façon convenable, rien de plus, rien de moins, ni lui ni le propriétaire ne peuvent accroître ou diminuer cette obligation. La seconde, au contraire, serait subordonnée au simple caprice du fermier qui déciderait seul des améliorations, sans que le propriétaire ait le droit de lui indiquer celles qu'il serait désirable et avantageux de faire.

Cet article additionnel bouleverserait donc toutes les règles qui ont été jusqu'ici la base du Contrat de Louage. D'ailleurs ces règles respectent parfaitement la justice et n'empêchent aucunement les améliorations de se produire. Le fermier, avant de conclure le bail, aura pleine liberté pour poser les conditions qu'il jugera convenables relativement à certaines améliorations qu'il se propose de faire. De même si, au cours du bail, il en juge d'autres opportunes, il pourra proposer au propriétaire une modification des conditions, modification qui sera acceptée si l'opération est avantageuse. Sans doute le propriétaire pourra aussi repousser cette proposition, et son refus pourra même être dû simplement à l'ignorance ou à l'erreur, mais cette ignorance et cette erreur peuvent se rencontrer également chez le fermier. Pourquoi l'un pourrait-il plutôt imposer sa volonté que l'autre?

Réciproquement d'ailleurs aussi, nous pourrions retourner l'argument de nos adversaires, et leur dire : Si le propriétaire détériore le domaine, s'il change la forme de la chose loué (art. 1723), s'il ne répare pas des bâtiments qui sont détruits en tout ou en partie (art. 1722), il doit une indemnité au fermier ; s'il améliore son domaine, s'il élève de nouvelles constructions, s'il fait des drainages, etc., il n'en reçoit aucune. Est-ce juste ? — Nous répondrions, comme nous venons de le faire pour le fermier :

Oui, c'est parfaitement juste. — Les parties contractantes doivent, sous peine d'indemnité, remplir toutes les obligations édictées par leur contrat, mais si elles font plus qu'elles n'ont promis, si elles sortent des limites de ce contrat, elles ne peuvent plus l'invoquer pour réclamer une indemnité. Cette situation doit être réglée par des conventions particulières qu'elles ont toute faculté d'ajouter à l'arrangement primitif. Si elles n'en ont point fait, elles doivent s'en prendre à elles seules ; elles ne peuvent point se plaindre d'un préjudice qu'elles pouvaient prévoir et empêcher. *Volenti non fit injuria.*

D'ailleurs cet article 1766, objet de tant de bruit et de récriminations, est en fait très peu appliqué en ce qui concerne l'obligation de cultiver en bon père de famille. Il intervient quelquefois pour des abus de jouissance évidente, mais nous n'avons pas connaissance de décisions judiciaires ayant condamné le fermier à payer une indemnité en fin de bail, pour moins-value causée par son fait au fonds loué.

V. — Équité.

Nous voici arrivé au principal argument des partisans de l'indemnité de plus-value. Quand le propriétaire, disent-ils, reçoit à la fin du bail, sans bourse délier, une terre améliorée par les soins du fermier, l'équité, la justice sont violées ; le bailleur s'enrichit aux dépens du preneur. Ici encore la raison alléguée n'est que superficielle et tombe devant un examen des choses plus approfondi, et une vue plus exacte des conditions du contrat.

Que se passe-t-il, en effet, lors de la signature d'un bail à ferme ? — Deux personnes sont en présence : le propriétaire et le futur fermier ; le premier déclare au second lui abandonner l'exploitation de ses terres durant un laps de temps déterminé pour un certain prix. Le second n'acceptera pas ce prix avant d'avoir visité la ferme, les bâtiments, les terres, et d'avoir constaté et signalé les réparations nécessaires aux uns, les amendements ou façons indispensables aux autres pour les mettre en bon état. Il se rendra compte de la fertilité du sol, pèsera les avantages et les inconvénients à tirer de son exploitation, examinera si la durée du bail concédé lui permettra la rémunération des améliorations qu'il se propose de faire; en un mot il s'enquerra soigneusement de tous les éléments utiles à l'estimation du prix qu'il offrira comme fermage. Si les terres sont en bon état, le fermier consent au propriétaire le prix de location normal de la contrée, et en rendant la ferme dans le même bon état, à la fin de son bail, il ne fait que remplir strictement ses obligations. Si au contraire elles lui sont livrées en mauvais état, le fermier paiera les terres qu'il louera un prix inférieur au taux normal des fermes bien tenues. Il en résulte que le propriétaire supporte, de ce fait, pendant toute la durée de son bail, une diminution annuelle de loyer, représentant au moins la valeur des sacrifices que le nouveau fermier sera obligé de faire pour remettre en bon état les terres négligées ou appauvries qu'il a reçues. Si le fermier avait encore droit à une indemnité de sortie, il serait véritablement indemnisé deux fois, une première fois à l'entrée par l'abaissement du prix du bail, une seconde fois à la sortie par l'estimation de la plus-value.

Cette baisse du fermage n'est d'ailleurs pas seule à représenter l'indemnité de plus-value; le fermier touchera aussi celle-ci sous une autre forme, dans le surcroît de produits que lui procureront les améliorations faites à la terre. Nous ne sommes plus loin d'être d'accord ici avec le jurisconsulte Domat dont on nous a opposé la sentence et qui déclarait qu'avant d'accorder une indemnité au preneur, il fallait examiner si sa jouissance n'avait pas suffi pour le faire rentrer dans ses avances. — Nos adversaires s'appuient sur le principe d'économie politique : « La rémunération doit être proportionnée à l'effort et au résultat. » Ce principe est satisfait sans le secours de l'indemnité de plus-value, car nous trouvons l'effort du fermier récompensé par les bénéfices plus grands réalisés durant le temps de sa jouissance.

C'est pourquoi nous admettrions le droit du fermier à une indemnité, en cas de résiliation du bail par le fait du bailleur (tacite reconduction ou congé), car le fermier pourrait justement exciper du préjudice que lui causerait cette brusque cessation de jouissance, alors qu'il comptait rester plus longtemps sur les lieux loués et pouvoir ainsi rentrer dans des avances récentes. Tout au plus pourrait-on lui reprocher d'avoir fait ces avances, en connaissant l'instabilité de ses droits vis-à-vis du bailleur. Cette raison d'ailleurs n'a point empêché les rédacteurs du Code d'obliger le bailleur à indemniser le fermier expulsé par l'acquéreur auquel la ferme aurait été vendue par ce bailleur, même s'il a été convenu, lors du bail, qu'en cas de vente l'acquéreur pourrait expulser le fermier (art. 1744 et 1746).

En règle générale, le preneur ne sera pas inquiété dans sa jouissance et la prolongera jusqu'au terme convenu, disposant de tout le temps nécessaire pour obtenir une juste rémunération de ses avances et de son travail. Si on permettait au fermier de faire toutes les améliorations qu'il voudrait, améliorations qui lui rapporteraient des bénéfices et qu'il ferait payer par le propriétaire, celui-ci étant obligé peut-être de vendre ses biens pour payer cette somme, c'est plutôt le fermier qui s'enrichirait aux dépens du propriétaire, car après avoir récupéré ses avances par l'augmentation de ses produits et la baisse du fermage, il se les ferait rembourser une seconde fois par l'indemnité de plus-value.

D'après les considérations précédentes, il est donc évident que le propriétaire ne s'enrichirait nullement aux dépens du fermier en reprenant sans payer d'indemnité une terre améliorée par ce dernier, cette amélioration constituât-elle pour lui une plus-value véritable et vraiment importante, résultat qui en fait se produira très rarement.

Tout d'abord, le fermier français ne fait en somme aujourd'hui que les améliorations dont il sait pouvoir tirer tous les avantages dans le cours de son bail. De l'aveu même de nos adversaires, les fermiers pratiquent dans les dernières années une culture épuisante pour reprendre à la terre tout ce qu'ils lui ont donnée, et c'est même là un des principaux arguments mis en avant pour démontrer l'utilité de l'indemnité de plus-value. On reconnaît donc qu'ils ne laissent rien à celui qui leur succède dans la ferme, propriétaire ou fermier entrant, comment prétendre alors que celui-ci s'enrichira à leurs dépens. Il est vraiment par trop commode de faire ainsi servir le même argument à la défense de deux idées absolument différentes et opposées.

D'ailleurs, une plus-value subsistât-elle réellement après la sortie du fermier, elle sera le plus souvent très minime et d'un bien maigre profit pour le propriétaire. Envisageons successivement les différents travaux de culture susceptibles d'améliorer les terres, les seules améliorations du reste dont s'occupe la proposition de loi déposée dernièrement sur le bureau de la Chambre des Députés, puisqu'elle laisse de côté les drainages et les irrigations; et voyons quelle augmentation de richesses laisseront ces travaux au sol qui en aura été l'objet. — Les défoncements, les labours profonds auront une efficacité purement temporaire. — Les travaux d'assainissement autres que les drainages et irrigations, c'est-à-dire le nettoyage des terres et la création de rigoles d'écoulement, présentent peu d'importance et peuvent être considérés comme de purs soins d'un bon père de famille. — Quant aux engrais, un des grands progrès réalisés par la science moderne est précisément de permettre au cultivateur de calculer la dose d'engrais qui produira son effet dans l'année même, et par suite de donner à la terre ce dont elle a besoin pour la récolte à faire, de sorte que la fumure faite depuis un ou deux ans ne représente plus qu'une valeur douteuse et dans tous les cas fort minime. — Enfin en ce qui concerne les amendements, d'une part les travaux de marnage devant être échelonnés pour produire des effets de longue durée, un fermier entrant dans une ferme où l'on ne se serait pas encore livré à l'opération du marnage, en ferait tenir compte dans les stipulations du bail à conclure; d'autre part le chaulage doit être opéré à dose restreinte et ne donnerait pas lieu à indemnité pour si peu. Qui ne connaît du reste l'exactitude de ce dicton : « La chaux enrichit les pères et ruine les enfants. » Cette opération du chaulage, en mettant en mouvement les réserves d'azote contenues dans le sol, excite ce sol, lui communique une très grande fertilité immédiate, mais y produit ensuite un épuisement complet, si on ne veille à la restitution des forces arrachées de la sorte, et dans ce cas ce serait bien plus le propriétaire que le fermier qui devrait être indemnisé.

Nous voulons bien cependant faire une dernière concession, et supposer prouvée une réelle et forte plus-value. Même alors il ne serait pas juste de la faire payer par le propriétaire qui peut très bien ne pas en profiter plus tard. La valeur des terres n'est pas la seule cause qui influe sur le taux de leur location ; en dehors de cette cause intrinsèque, il y en a d'autres extrinsèques, fermeture de débouchés, disparition de certaines industries et autres conditions économiques essentiellement variables qui peuvent faire baisser la rente de la terre, indépendamment de son état de fertilité. Forcer le propriétaire à payer une indemnité de plus-value au fermier sortant, alors qu'il serait obligé de diminuer le fermage au fermier entrant, ou bien encore lui faire payer des fumures que plus tard des intempéries peuvent rendre inutiles, serait-ce là respecter véritablement les règles de la justice, ne serait-ce pas plutôt les appliquer en faveur des uns et au détriment des autres ?

Aussi ce n'est pas ce principe de justice : « Nul ne doit s'enrichir aux dépens d'autrui » qui sert réellement d'excuse et de justification aux partisans de l'indemnité de plus-value, puisque ce principe serait rendu sauf par le remboursement au fermier soit de la plus-value, soit de la dépense, suivant les cas. On veut, au contraire, le remboursement intégral et unique de la plus-value, c'est-à-dire une espèce d'association entre le bailleur et l'exploitant, une sorte de partage des bénéfices absolument étranger au caractère du bail à ferme.

On trouvera peut-être étrange la thèse que nous soutenons ici, si on la rapproche de la solution que nous avons donnée au Chapitre précédent relativement aux constructions et plantations faites par le preneur. Appliquant la règle : « Nul ne peut s'enrichir aux dépens d'autrui, » nous avons, en effet, obligé le bailleur qui conservait ces constructions et plantations à rembourser au preneur la plus-value qu'elles ont créée ou la dépense qu'elles ont coûtée ; et nous écartons cette règle quand il s'agit d'améliorations de la terre laissées au propriétaire par le fermier. N'y a-t-il pas là une contradiction flagrante? — Cette contradiction n'est qu'apparente et la différence entre nos deux solutions peut parfaitement se justifier.

Tout d'abord, nous ne devons pas oublier que deux règles aussi générales et aussi impérieuses l'une que l'autre dominent toute cette matière de l'indemnisation du fermier : la première, déjà suffisamment mise en lumière : « Nul ne » doit s'enrichir aux dépens d'autrui » et la seconde : « Un tiers ne peut pas imposer au propriétaire du sol sans » son fait et contre sa volonté des dépenses qu'il n'aurait pas » voulu faire. » Ces deux règles se commandent pour ainsi dire réciproquement. Le principe de justice dont elles émanent toutes deux serait nécessairement violé si l'une était appliquée sans que l'autre pût l'être aussi; en un mot leur combinaison est indispensable. Or, cette combinaison facilement réalisable dans l'espèce du Chapitre précédent où le bailleur pouvait exiger l'enlèvement des améliorations s'il n'aimait mieux les retenir, est impossible dans l'espèce actuelle où les améliorations faites par le preneur ne sont susceptibles ni de destruction, ni d'enlèvement, et où par conséquent notre seconde règle ne peut s'appliquer.

Cette raison, quoique suffisante, n'est point cependant la seule qui justifie notre décision. A notre avis, les constructions faites par le preneur sur le terrain loué ont un autre caractère que les améliorations faites par lui qui se sont confondues avec le sol lui-même. Les premières sont dues uniquement au preneur dont elles sont l'œuvre entière et personnelle, elles forment pour ainsi dire un supplément tout à fait particulier dans le patrimoine du bailleur qui n'est pour rien dans leur création. Il en est autrement des améliorations apportées à l'état de la terre; trois éléments ont concouru à leur réalisation : le capital d'exploitation et le capital intellectuel d'une part représentés tous deux par le fermier, et le capital foncier d'autre part représenté par le propriétaire. En justice donc, chacun de ces trois éléments doit recevoir une part des bénéfices résultant de ces améliorations, celle du capital intellectuel et du capital d'exploitation consistera dans le surcroît de produits recueillis par le fermier, celle du capital foncier dans la plus-value acquise à la terre, facteur et outil de cette amélioration. Il n'y a donc pas ici pour le propriétaire, pour le bailleur un enrichissement sans cause, la terre étant le facteur principal de l'amélioration, et il n'y a pas lieu d'appliquer la règle : « Nul ne peut s'enrichir aux dépens d'autrui. »

Enfin élever des constructions sur le terrain loué n'était pas chose prévue dans le bail conclu ; apporter des améliorations à la terre était plutôt chose probable, puisque ces améliorations ne sont après tout qu'un mode d'exploitation destiné à en augmenter le revenu. Elles sont pour ainsi dire comprises en germe dans le bail à ferme, elles font partie de l'aléa contenu implicitement dans ces genres de contrat, aléa dont les parties ont tenu compte en contractant. Comme le dit très bien à ce propos un agronome expérimenté : « Il arrive presque toujours que le propriétaire intelligent a » compté sur cette augmentation du capital foncier, en » louant à plus bas prix son domaine en raison du capital » intellectuel et du capital d'exploitation dont l'exploitant » dispose. Précisons par un exemple : « Je suis fermier, et » à fin de bail ma récolte en légumes ou en fourrages me » permet d'engraisser 10 bœufs en 3 mois à la condition » d'ajouter aux produits de l'exploitation 1,000 kilogr. de

» tourteaux. J'ai acheté des bœufs en bonne chair : leur
» engraissement n'aura augmenté ni le poids des os, ni le
» poids des muscles, rien que le tissu adipeux. En les
» revendant, je gagne 1,000 francs, et je n'exporte ni
» azote, ni potasse, ni phosphore, ni chaux. Mes 1,000
» kilogr. de tourteaux m'ont coûté 200 francs, la nourriture
» fourragère consommée représente une valeur de 450 francs.
» J'ai donc comme bénéfice sur mon opération 350 francs.
» Or, sans le fourrage produit sur le sol, je n'aurais pas pu
» faire cette spéculation, et sans les 1,000 kilogr. de tour-
» teaux, je n'aurais pas pu la compléter non plus. Il est
» juste que l'azote, la potasse, l'acide phosphorique qui ne
» m'ont servi que de stimulant soit dans ce cas la part de
» bénéfices revenant au capital foncier. C'est en quelque
» sorte un déchet industriel dont par la force des choses le
» capital foncier profite, mais l'opération loin d'avoir
» atteint le capital mobilier ou la rente du capital intellec-
» tuel a laissé au contraire le premier absolument intact, et
» servi largement la rente de l'un et de l'autre. Dans
» l'espèce, l'importation en azote, potasse, acide phospho-
» rique arrivant au sol sous forme de fumier, représentera
» une valeur d'environ 110 francs, en supposant qu'il n'y
» ait aucune déperdition d'azote. — Presque toutes les
» augmentations de valeurs foncières auront pour origine
» des spéculations de ce genre, toujours beaucoup plus
» lucratives pour l'exploitant que pour le propriétaire (1).»

Dans la pratique réelle des choses, il est certain que le
propriétaire ayant à pourvoir ses terres d'un exploitant
cherchera à trouver chez cet exploitant des qualités d'intelligence, de probité, d'expérience, de savoir agricole, en un

(1) Extrait du Cours d'Économie rurale de M. DE RACULAUDRE, directeur de
l'École des Hautes Études agricoles annexée aux Facultés Catholiques de Lille

mot l'aptitude professionnelle qui assurera une bonne exploitation de son domaine, et le bailleur élèvera d'autant moins le taux du fermage qu'il constatera ces qualités plus apparentes et plus développées chez son preneur. Il agira ainsi en bon père de famille qui préfère diminuer la quotité du revenu de son capital terre, pour conserver intact et augmenter même, si c'est possible, ce même capital.

A ce point de vue, il existe une différence sensible entre la location d'une ferme et celle d'une maison. Sans doute le propriétaire d'une maison a intérêt à trouver un locataire propre et soigneux qui maintiendra son immeuble en bon état, et le lui rendra indemne de toute détérioration, mais si des dégradations ont été commises, il sera facile au propriétaire de les faire constater à la fin du bail, et d'exiger la remise des lieux en l'état où ils ont été reçus. Le choix du preneur a donc en lui-même ici peu d'importance quant à la conservation de la chose. La jouissance de la maison ne peut en diminuer la valeur d'une manière bien appréciable. Il en est autrement du louage d'une ferme. Du plus ou moins d'intelligence, de soins et d'honnêteté qu'apportera le fermier dans l'exploitation des terres, dépendra la plus ou moins grande fertilité que celles-ci conserveront. Bien plus, des détériorations peuvent être commises, en raison desquelles aucune poursuite ne sera possible contre le fermier, faute de pouvoir les constater. Le propriétaire est pour ainsi dire soumis à la bonne foi de son fermier, on comprend donc qu'il tâche de se procurer, par l'offre de conditions plus douces, un locataire qu'il sait devoir maintenir sa terre en bon état et même l'améliorer.

Par conséquent, nous avons raison de dire que bien souvent les améliorations faites à la terre ne constituent pas un enrichissement sans cause pour le propriétaire, puisqu'elles ont été escomptées par lui lors de la fixation du taux du fermage. Rien en cela d'illégitime, rien de contraire à l'équité, car si le bail à ferme n'est pas fait *intuitu personæ*, si la considération de la personne n'est pas dominante dans ce contrat au point de rendre sa résolution nécessaire à la mort du fermier, elle est du moins un élément très important qui doit entrer en ligne de compte dans les arrangements à intervenir entre les parties.

Nous ne formulerons donc pas à l'adresse des rédacteurs du Code le reproche que leur font nos adversaires, d'avoir commis un regrettable oubli en ne tranchant pas par un texte spécial la question de l'indemnité de plus-value au fermier sortant. Si, après avoir réglé cette question, comme nous l'avons déjà dit, à l'égard d'autres détenteurs précaires, ils ne l'ont pas fait pour le preneur, ils devaient avoir de puis-. sants motifs pour justifier ce silence, car on ne peut accuser d'oubli ou d'ignorance de ce sujet des hommes nourris à l'école des Domat et des Pothier, et connaissant à fond les controverses qui divisaient les tenants de l'Ancien Droit. Ces législateurs ont avec raison jugé utile et sage de ne point réglementer à outrance le contrat du bail à ferme et de laisser aux parties la plus grande somme possible de liberté, liberté dont nous signalerons les bienfaits à la fin de cette étude.

Qu'il nous suffise actuellement de rappeler l'hommage rendu jadis à la sagesse de cette législation par l'un de ses critiques d'aujourd'hui. « Il faut bien, disait M. Baudrillart,
» que les prescriptions par lesquelles le Code règle les rap-
» ports des propriétaires et des fermiers soient équitables
» et satisfaisantes pour qu'à très peu d'exceptions près, tous
» les adoptent sans même y joindre le plus souvent des

» prescriptions accessoires que la loi n'interdit pas (1). »

§ 2. — Arguments économiques.

Nous croyons avoir suffisamment démontré la faiblesse des arguments établis en faveur de l'indemnité de plus-value sur le terrain du droit pur, il nous reste maintenant à déloger nos adversaires de leurs derniers remparts qui ont leurs assises dans le terrain économique.

I. — Intérêt général et devoir du propriétaire envers la terre.

Il faut faire rendre à la terre son maximum de rendement exigé par l'intérêt général, la culture doit être intensive, c'est le devoir du propriétaire de faciliter au fermier cette culture intensive, et la loi doit sanctionner ce devoir en donnant au fermier sortant qui a amélioré la terre le droit à une indemnité. Cette affirmation, malgré son apparente simplicité, est grosse de sérieuses conséquences.

Si l'intérêt général, ferons-nous d'abord remarquer, exige véritablement que la loi contraigne le propriétaire à faire rendre à sa terre son maximum de rendement, en l'obligeant à rembourser toutes les améliorations faites par son fermier, il faut, pour être juste et logique, autoriser le propriétaire soit à forcer le fermier à faire les améliorations reconnues utiles et nécessaires, soit à améliorer à ses frais le domaine affermé, en réclamant au fermier une indemnité de jouissance se traduisant par une augmentation de fermage qui représenterait l'intérêt des capitaux employés dans l'opération. Nous n'avons point connaissance cependant qu'un projet de loi ait été déposé dans ce sens.

(1) *Revue des Deux Mondes.* — Les Populations rurales du Nord de la France, 1er septembre 1882, p. 139.

Ce ne sont point seulement les exploitants de biens ruraux qu'il faudrait ainsi contraindre au maximum de rendement; l'agriculture, en effet, n'est pas l'unique source de richesses de la nation française. L'industrie et le commerce comptent aussi pour une grande part dans son patrimoine. Pourquoi alors ne pas forcer la main aux détenteurs de capitaux de tous genres? Pourquoi la Loi, au nom de l'utilité générale, n'obligerait-elle pas les manufacturiers, les industriels à perfectionner leur outillage, à renouveler leur matériel d'exploitation, de manière à produire davantage et à meilleur marché? Pourquoi, sous prétexte qu'aucun bien ne peut être laissé improductif, ne pas rendre légale la rupture des coffres-forts du commerçant, pour y prendre l'argent laissé inactif, et l'utiliser en le jetant dans la circulation?

Ces conséquences déduites logiquement de l'argument de l'intérêt général en montrent toute l'énormité et nous prouvent que la théorie du « Devoir envers la terre » touche de bien près au Socialisme d'État. Si la terre est un instrument social, tout cultivateur récalcitrant qui n'y apportera pas la somme de perfectionnements possibles devra céder la place à un plus digne, et l'État distribuera le sol à de plus riches, de plus habiles, de plus entreprenants. Comme on l'a très bien dit, c'est la liquidation forcée de la propriété rurale. Le propriétaire faisant valoir lui-même son domaine ne devra pas plus être à l'abri qu'au cas où il le fera exploiter par autrui, malgré l'affirmation contraire de M. Tellier, président honoraire de la Société des Agriculteurs du Nord : « Si le propriétaire, dit-il, cultivant lui-
» même son fonds, entend se condamner à la pauvreté, il
» est libre, mais du moment qu'il loue à un tiers, l'État
» — représentant l'intérêt public — a le droit d'intervenir

» et d'imposer sa loi dans un intérêt collectif. » Nous ne voyons pas pourquoi l'État aurait le droit d'intervenir dans ce cas plutôt que dans l'autre, l'intérêt collectif étant d'une part aussi bien en jeu dans le premier que dans le second, et les conventions passées entre preneur et bailleur étant d'autre part choses purement privées, et échappant complètement au contrôle de l'État.

Qu'ils le veuillent ou non, les partisans de l'indemnité sont donc obligés d'admettre le caractère quelque peu subversif du principe invoqué : principe d'après lequel on pourrait déposséder les propriétaires qui n'exploiteraient pas assez habilement. Quelques-uns d'ailleurs ne s'en cachent pas. « Je comprends, disait un des orateurs du » Congrès, les répugnances du propriétaire devant un pro- » cédé qui paraît un peu révolutionnaire (1). »

La réalisation de cette réforme serait en effet la substitution d'un droit nouveau du fermier à celui du propriétaire qu'on sacrifierait complètement. En face de ces audacieuses tentatives, il est bon de remettre en lumière le véritable sens du droit de propriété, sa véritable origine et sa nature même. C'est un droit exclusif et perpétuel, droit supérieur à la loi, non institué mais reconnu par elle. La propriété antérieure aux institutions humaines est, en effet, de droit naturel; le propriétaire a le droit d'user ou de ne pas user de sa chose; il a même celui d'en abuser, sans cela il ne ne serait véritablement pas propriétaire, à condition toutefois que l'abus ne porte pas un préjudice direct à autrui, car alors la loi devrait intervenir, puisqu'il y aurait un mal public à éviter. Sans doute, il y a mal aussi quand le propriétaire abuse de sa chose sans nuire directement à autrui,

_____
(1) Congrès international, p. 327.

par exemple en laissant en friche une terre labourable ; il ne remplit pas alors le but dans lequel la Providence l'a rendu détenteur de cette chose, il manque à la mission qui lui a été confiée, à son devoir social ; la loi pourtant ne peut intervenir pour sanctionner et prescrire de telles obligations qui ne relèvent pas de son domaine, mais uniquement de celui de la conscience.

Cet intérêt général est mis en cause et doit l'être dans les entreprises qui répondent à un besoin commun et dûment constaté de protection et de sécurité, mais non pas dans celles inspirées par le seul esprit de spéculation, esprit fécond sans doute par son influence sur les progrès de la richesse publique et privée, mais qui ne peut être imposé à personne et qui ne doit procéder que de la libre volonté de chacun.

Dans la circonstance présente, l'intérêt général a toutes les allures d'une machine de guerre montée pour la destruction progressive du droit de propriété, et ceux qui l'invoquent de bonne foi ne croient pas probablement servir une aussi mauvaise cause. Que veulent cependant les politiciens qui, pour se faire une clientèle agricole, font de l'agitation autour de cette question ? Ils veulent offrir à tous les fermiers de France une part de co-propriété, une sorte d'hypothèque légale sur les biens qu'ils exploitent : « Si la » loi, lisons-nous dans un rapport de la Société des Agri- » culteurs du Nord, vient dire que les améliorations, les » amendements, les engrais, en un mot la plus-value qu'il » a donnée à son exploitation lui appartient et lui sera » payée en cas de sortie, cela constituera un gage aussi sûr » que la propriété elle-même. »

Le danger apparaissait déjà en 1850 à M. Gaslonde, qui le signalait en ces termes dans son rapport sur la proposi-

tion Morellet : « Que vous propose notre honorable col-
» lègue? De contraindre le propriétaire à accepter et à
» payer des travaux qu'on a faits sans consulter son goût
» et ses convenances. C'est là une atteinte directe et pro-
» fonde au droit de propriété. C'est déclarer que le fermier
» dispose de la chose du maître, qu'il la transforme et la
» modifie à son gré, et que si le maître ne rembourse pas
» le montant de la plus-value, il sera exproprié de sa chose
» par son propre fermier. »

L'expropriation, voilà donc le terme fatal auquel abou-
tira dans beaucoup de cas l'indemnité accordée au fermier.
N'avions-nous pas le droit de dire que cette raison d'intérêt
général masquait un but dangereux, et nous demanderons
à ceux qui l'invoquent si, pour être logiques jusqu'au bout
dans leurs prétentions, ils consentent à souscrire à la
résolution suivante acclamée à l'une des réunions du Congrès socialiste tenu à Londres en juillet 1896, et qui n'est
après tout que l'application naturelle de leur système.

« Les maux toujours croissants que l'exploitation capita-
» liste de l'agriculture entraîne pour le cultivateur du sol
» et pour la société tout entière ne disparaîtront complète-
» ment que dans une société où le sol, aussi bien que les
» autres moyens de production, appartiendront à la collec-
» tivité, *qui les fera exploiter dans l'intérêt commun en*
» *employant les procédés de culture les plus perfectionnés.* »

Cette main-mise de l'État sur la propriété rurale privée a
déjà d'ailleurs été réclamée ouvertement, au nom de l'intérêt
social, dans les pays voisins du nôtre. En Angleterre, c'est
M. Bradlaugh qui voudrait voir chaque propriétaire obligé
de cultiver la terre de la manière la plus avantageuse à la
propriété, celui qui enfreindrait cette obligation serait exproprié moyennant un prix calculé d'avance. En Allemagne,

M. Michel Flursheim conseille à l'État de s'emparer de toutes les propriétés foncières et d'en percevoir la rente ; cette rente serait cinq ou six fois plus élevée que celle que se partagent les propriétaires et les cultivateurs actuels, parce qu'une direction scientifique présiderait à l'administration du patrimoine foncier de la nation et que toutes les erreurs de gestion des propriétaires particuliers seraient évitées (1). Nous ne savions pas que l'État allemand possédât la science agricole infuse. Enfin, c'est au nom du même principe d'intérêt général que M. Mortara, professeur à l'Université de Padoue, enseigne que la société a le droit d'obliger le propriétaire à aliéner une partie de ses terrains pour en appliquer le prix à l'amélioration du reste de sa propriété (2), et que M. Cimbali, professeur à l'Université de Rome, écrit dans l'un de ses ouvrages : « Tout cela nous » conduit logiquement à la conséquence à laquelle nous » voulons arriver : l'expropriation forcée pour cause d'amé- » liorations agricoles (3). » Il fut fait écho en France à cette demande, lors du Congrès international d'agriculture, quand un des membres assistant à la discussion de la question de l'indemnité s'écria : « Oui, je voudrais une expro- » priation publique en masse. »

Le cadre de cette étude ne comporte pas la réfutation du socialisme, de ces doctrines vaines et dangereuses dont l'application, si toutefois elle était possible, n'engendrerait que ruines et misères de toutes sortes. Nous tenions seulement à indiquer comment l'abus du principe de l'intérêt général aboutirait petit à petit et tout naturellement à ces fatales erreurs ; l'État s'ingérant partout entraverait toutes

(1) CLAUDIO JANNET. — Le socialisme d'État, p. 130 et 131.
(2) MORTARA. — I Doveri della proprietà fondiaria, p. 133.
(3) CIMBALI. — La nova fase del dritto civile, p. 190.

les libertés individuelles et établirait infailliblement le plus insupportable des despotismes.

En vain allègue-t-on l'exemple d'atteintes semblables portées avec l'assentiment de tous à la liberté et à la propriété. On cite d'abord les expropriations pour cause d'utilité publique; nous répondrons que ces violations de la propriété sont entourées de nombreuses garanties édictées avec précaution par la loi du 3 mai 1841 et que nous ne trouvons plus ces mêmes garanties, d'ailleurs impossibles, entre le fermier et le propriétaire (1). L'intervention de l'État se comprend encore dans la réglementation du travail des femmes et des enfants, cette protection est nécessaire à ces êtres trop faibles incapables de se défendre eux-mêmes, tandis que le fermier et le bailleur sont assez forts et connaissent assez leurs intérêts pour pouvoir se passer de la tutelle administrative. — Enfin, s'il est permis de faire abattre, malgré l'avis contraire d'un propriétaire, ses animaux atteints de maladies contagieuses, c'est qu'il y a un danger à éviter, la négligence du propriétaire pouvant causer un dommage à autrui; le même motif de décider n'existe plus pour contraindre le bailleur à améliorer sa terre malgré lui, car nous ne sommes plus alors en présence d'un mal public à empêcher mais d'un plus grand bien à faire, raison insuffisante pour être opposée efficacement au droit absolu du propriétaire.

Après avoir jugé l'argument de l'intérêt général considéré en lui-même et en dehors de l'idée qui lui sert de base, il nous faut examiner l'exactitude de cette idée, à savoir que

(1) La loi du 22 décembre 1888 permet bien à une majorité de propriétaires formés en association syndicale, d'obliger les autres à faire de simples améliorations, mais ce pouvoir est atténué par l'exigence des conditions suivantes : 1° l'avis d'une majorité considérable; 2° une déclaration d'utilité publique; 3° faculté de délaissement de l'immeuble compris dans le périmètre des travaux.

la culture intensive est la seule qui puisse assurer la prospérité des agriculteurs. Malgré les affirmations des professeurs d'agriculture et des directeurs de champs d'expériences, il est, croyons-nous, des pays et des circonstances où ce mode de culture n'est ni le meilleur, ni le plus profitable. En effet, ce genre de culture subit plus rudement que la culture extensive les contre-coups de la baisse du prix et des diminutions de rendement accidentelles. « La » raison en est facile à trouver, dit M. Durand, la culture » extensive produit peu, mais comme elle a peu de » frais, le produit net comprend une grande partie du pro» duit brut, en moyenne 50 %. Survient une crise, une » baisse de prix considérable, de 20 % par exemple : cette » baisse atteint la récolte entière, qui ne vaut plus que 80 % » de ce qu'elle aurait valu avant la crise; mais les frais » restant fixés au même chiffre, le produit net est encore » de 30 %.

» Dans la culture intensive, le produit net peut être par» fois de beaucoup supérieur, en valeur absolue, à celui » de la culture extensive, mais il représente un tant pour » cent beaucoup plus faible du produit brut : les frais se » sont augmentés considérablement, la production brute a » pu s'augmenter encore davantage, mais le rapport du » produit net au produit brut n'est plus que de 15,20 tout » au plus 30 %. — Vienne une crise, une baisse de 20 %, » il ne reste plus qu'un bénéfice insignifiant, à moins qu'il » y ait une perte.... La culture intensive est donc d'autant » moins avantageuse que les cours des produits agricoles » sont plus déprimés (1). » La culture intensive sera donc d'autant moins favorable que la crise agricole sera plus prononcée.

(1) DURAND, loc. cit. p. 78.

Nous ne prétendons point d'ailleurs faire dans tous les cas le procès de ce genre de culture ; mais ce que nous affirmons sans crainte d'être démenti, c'est l'impossibilité de cette culture intensive dans un grand nombre de terres. On rencontre malheureusement trop souvent de ces terres ingrates où tout serait à constituer : sol, humus et engrais, terrains arides et rocailleux où l'épaisseur insuffisante de la couche arable ne saurait être augmentée ; tout espoir d'amélioration notable est évidemment condamné d'avance dans ces régions où le cultivateur, s'il faisait de sérieuses avances à la terre, serait loin d'en retirer un revenu suffisant pour les contre-balancer. Pourquoi donc alors proposer une loi générale qui régirait les baux à ferme du Midi et du Centre aussi bien que ceux du Nord, quand cette loi n'est susceptible d'application qu'à des cas exceptionnels.

Le besoin de cette loi, ajouterons-nous, se fait d'autant moins sentir que dans les contrées privilégiées de culture intensive, comme le Nord et l'Est, des progrès considérables se sont déjà produits dans le développement de la culture industrielle, sans le secours de l'intervention du législateur. Il a suffi pour obtenir ce résultat d'ententes particulières entre les parties sur l'introduction de certaines clauses nouvelles dans la rédaction des baux à ferme.

Somme toute, l'intérêt général est seulement compromis et lésé par l'épuisement des terres que pratique en fin de bail le fermier afin de retirer dans la mesure tolérée par l'art. 1730 toutes les richesses accumulées dans le sol. Mais encore ici, il ne faut rien exagérer, et se rendre un compte exact des choses. Nous commencerons par une remarque importante sur les termes employés. Le but poursuivi par les promoteurs de l'indemnité de plus-value est la conservation en fin de bail des richesses du sol, on veut faci-

liter au fermier la remise au propriétaire de terres en bon
état de fertilité ; est-ce bien alors d'indemnité de plus-value
qu'il faut parler, ne serait-ce pas plutôt d'une sorte de prime
de conservation?

Quoi qu'il en soit, cet éreintement de la terre n'est pas
encore aussi fréquent et aussi facile qu'on veut bien le dire,
et du reste la mise en vigueur rigoureuse de certains textes
de la Section du Bail à ferme de notre Code civil peut déjà
servir de puissant correctif.

C'est d'abord l'art. 1778 qui oblige le fermier à rendre,
à sa sortie du domaine, les pailles et engrais de l'année,
s'il les a reçus à son entrée en jouissance ; et quand même
il ne les aurait pas reçus, le propriétaire pourra les retenir
suivant l'estimation (1).

C'est ensuite l'art. 1766 qui oblige le preneur à cultiver
en bon père de famille et arme par conséquent le propriétaire contre les abus possibles de la part de son tenancier.
Le fermier qui voudra épuiser le sol, fera évidemment des
cultures supplémentaires interdites par son bail, car un
propriétaire soucieux de ses intérêts n'omettra jamais de
régler la nature des récoltes permises au fermier et l'ordre
dans lequel elles doivent se succéder, ou au moins d'en
exclure certaines à la fin du bail. Or, si le fermier violait
le bail, en introduisant dans son assolement un mode de
culture prohibé, il est certain que le propriétaire pourrait
faire résilier le bail et obtenir des dommages-intérêts. —
Mais peut-être même aurait-il intérêt à laisser son fermier

(1) Une application de cet article est faite fréquemment dans les baux à
ferme de notre région, où l'on trouve une clause ainsi conçue : « Il est
» expressément stipulé que les graisses et amendices, qui existeront sur la dite
» terre à la fin du bail, appartiendront au preneur qui devra les laisser
» pour le prix de l'estimation qui en sera faite alors par experts nommés
» contradictoirement par les parties, sinon d'office par M. le juge de paix du
» canton de la situation des lieux. »

pratiquer cette culture prétendue épuisante, car pour qu'elle se développe et puisse enlever le plus possible d'éléments nourrissants au sol, il faut que le terrain soit parfaitement assaini, parfaitement purgé de mauvaises herbes. Il manquera peut-être de l'azote et du phosphate à la sortie du fermier, il sera facile d'en remettre, et l'effet de ces engrais ne tardera pas à se produire dans un terrain qui aura été l'objet d'une préparation si soignée durant les dernières années du bail. Bien plus compromis seraient les rendements du domaine où les irrigations et les assainissements n'auraient pas été maintenus en bon état, où le sol ne serait pas suffisamment défoncé, où croîtraient une foule de plantes parasites qui étoufferaient les récoltes. Ces conditions nécessiteraient une grande somme de dépenses, de travaux et d'efforts pour remettre les terres en leur état de rendement normal.

Et puis dans la plupart des régions le fermier ne peut distraire de la ferme ni les pailles ni les fourrages, par suite de l'insertion dans le bail d'une clause qui prescrit la consommation de ces fourrages sur le domaine, et lui assure ainsi le bénéfice des engrais produits (1). C'est du reste une simple application de l'art. 1766 (obligation de jouir en bon père de famille), car vendre les pailles et les fourrages constitue une spéculation ruineuse pour la fertilité du sol : aussi la Loi Anglaise de 1883 stipule-t-elle avec raison dans son art. 6 qu'on déduit de l'indemnité pour apport d'engrais la valeur de ceux qu'aurait produits la consommation dans

(1) Le projet de révision du Titre III du Livre VIII du Code Civil Belge défend à tout fermier, sauf convention contraire, de vendre, au cours du bail, des pailles et des engrais. Tel est déjà l'usage en Belgique; mais à raison de l'importance de cette mesure, la Commission de révision l'a inscrite dans la loi. Elle sera la règle; libre aux propriétaires d'y déroger si la richesse de leurs fonds le permet. (*Belgique judiciaire*, 8 mars 1891.)

la ferme du foin, de la paille, des racines ou des plantes fourragères vendues ou enlevées de la ferme dans les deux dernières années du fermage.

En résumé, et pour en finir avec cet argument de l'intérêt général, nous avons constaté qu'il ne porte pas quand il s'agit de justifier le droit pour le fermier d'effectuer à son gré des améliorations sur le terrain loué et de s'en faire indemniser ensuite par le propriétaire ; tout au plus peut-il être invoqué contre l'épuisement des terres en fin de bail ; à ce point de vue nous pensons qu'il faut améliorer nos baux pour permettre aux fermiers, par des clauses bien rédigées, de réaliser jusqu'à la fin de leur jouissance les bénéfices d'une culture bien conduite. Nous reviendrons bientôt sur ce sujet.

II. — Crédit agricole.

L'exposé des motifs du dernier rapport de M. Dubois préconise, avons-nous dit, l'indemnité de plus-value comme devant servir aux agriculteurs de puissant moyen de crédit. Mais par une singulière inconséquence, la proposition de loi qu'il soumet ensuite à la délibération de la Chambre des Députés, non seulement ne contient pas un mot sur l'organisation de ce mode spécial de crédit, mais bien plus rend ce crédit impossible en permettant au propriétaire de se libérer vis-à-vis du fermier par l'offre d'une prolongation de la jouissance pendant un certain temps aux mêmes conditions de l'ancien bail. Que devient alors le crédit fondé sur le droit à une indemnité, puisque dans ce cas l'indemnité ne devra pas être payée ?

Il est bon cependant de rechercher si ce droit à l'indemnité de plus-value serait véritablement utile au fermier sortant pour lui procurer du crédit. On veut lui rendre facile l'emprunt des sommes nécessaires à l'achat d'engrais, de bétail, d'instruments aratoires, et dans ce but on lui permettra de donner en gage à ses prêteurs la créance qu'on lui reconnaîtra le droit d'exercer à la fin du bail contre son propriétaire, à raison de la plus-value donnée à la terre par cet apport exceptionnel d'engrais, cette augmentation du cheptel ou ces modes de culture perfectionnés. Les prêteurs auront-ils grande confiance dans cette sorte de gage consistant en une créance d'indemnité très problématique puisque d'une part elle peut faire l'objet d'un litige judiciaire, et que d'autre part la plus-value qu'elle représente est susceptible de ne plus exister à la fin du bail, sous l'influence de conditions climatériques ou de circonstances fortuites? Ce gage serait dépourvu d'une qualité essentielle : la certitude.

D'ailleurs cet achat des objets nécessaires à son exploitation agricole est déjà grandement facilité au fermier par les différents privilèges que lui accorde l'art. 2102 du Code civil. Ce sont d'abord les sommes dues pour les semences et celles dues pour ustensiles aratoires, qui sont payées les unes sur le prix de la récolte, les autres sur le prix de ces ustensiles (art. 2102 — 1°); c'est ensuite le privilège du vendeur d'effets mobiliers que peut invoquer le marchand de bestiaux (art. 2102 — 4°). Quant aux engrais, ils ne peuvent donner lieu à l'application de cet article, car l'exercice du privilège serait impossible étant donné leur transformation et leur incorporation au sol qui ont fait disparaître leur individualité première. Aussi nous semblerait-il juste d'étendre par une disposition additionnelle le bénéfice du privilège accordé pour les semences et les ustensiles aratoires aux marchands d'engrais dont la créance ne paraît point comprise dans les termes actuels de la loi :

« Les sommes dues pour les semences ou pour les frais de
» la récolte (1). »

Enfin nous renouvellerons la remarque déjà faite à propos
de l'argument tiré des avantages de la culture intensive.
Gardons-nous de l'exagération et ne prônons pas outre mesure les mérites d'un crédit ainsi basé sur une indemnité de
plus-value à venir. Ne verrait-on pas des cultivateurs impru-
dents et inexpérimentés se lancer dans une foule d'essais
plus ou moins heureux, et éprouver souvent de grosses
pertes, là où ils croyaient trouver une source de plus grands
bénéfices. Loin de nous la pensée de vouloir détourner le
cultivateur intelligent des méthodes scientifiques préconisées
par un enseignement agricole qui a fait ses preuves, mais
nous lui conseillons de ne pas accorder une confiance trop
absolue aux affirmations des théoriciens. Beaucoup de ces
théories ont encore besoin du contrôle de l'expérience, et
il n'est pas à souhaiter de voir les fermiers utiliser l'indemnité de plus-value à l'emprunt de capitaux importants, dans
le but d'entreprendre des améliorations coûteuses. L'heureux résultat attendu de ces améliorations peut, sous l'in-

(1) Un projet de loi a été présenté dans ce sens, en 1888, aux Chambres législatives Belges par le Ministre de la Justice, M. LE JEUNE, qui motivait ainsi
sa proposition : « D'après une jurisprudence qui semble fixée, le texte de
» l'art. 20, 2° de la loi hypothécaire du 16 décembre 1851 (reproduction de
» l'art. 2102, 1er al. 5 du Code Civil français) doit s'interpréter en ce sens que
» le privilège établi en faveur des créances pour fourniture de semences et
» frais de récolte ne s'étend pas aux créances pour fourniture d'engrais....
» Les raisons qui ont fait privilégier les créances pour fourniture de semences
» et frais de récolte s'appliquent avec la même force aux créances pour four-
» niture d'engrais. En 1851, l'exploitation agricole ne comportait pas, au
» même degré qu'aujourd'hui, les acquisitions de matières fertilisantes ; on ne
» prévoyait pas à cette époque le développement qu'ont pris la fabrication et
» le commerce des engrais chimiques. Le silence gardé par la loi à l'égard de
» cet élément de production ne peut point s'expliquer autrement.
» Les engrais, les semences, les frais de récolte doivent être traités avec la
» même faveur; l'intérêt de l'agriculture l'exige impérieusement.
» Si le privilège n'existe pas pour les premiers du texte de l'article 20,
» 2° de la loi hypothécaire, il est bien certainement dans l'esprit de la loi, et
» le projet qui vous est soumis se borne à compléter ce texte. » (Chambre des
Représentants de Belgique. — Doc. parl., Session de 1888-1889, p. 15 et 16.)

fluence d'intempéries, gelées fortuites, pluies tardives, etc...
ne pas se produire ou ne plus exister à la fin du bail ; par
suite le fermier n'ayant droit à aucune indemnité pour plus-
value se verra exposé aux poursuites de créanciers qu'il ne
pourra payer.

III. — Longue durée des baux.

Nous pensons avec nos adversaires que la longue durée
des baux est un facteur nécessaire aux progrès de l'agriculture, mais nous ne partageons pas leur opinion sur la méthode à suivre pour encourager et développer ces baux à
longs termes. Suivant eux, la perspective de devoir payer
une indemnité de plus-value empêcherait les propriétaires
de congédier trop facilement leurs fermiers. Il est aussi
permis de croire que le droit à l'indemnité de plus-value
produirait un tout autre effet : il engagerait les fermiers à
conclure des baux très courts pour avoir droit le plus souvent possible à une indemnité de plus-value que dans l'état
des mœurs actuelles les experts seraient toujours prêts à
leur accorder. Comme le disait M. Tserstevens au Conseil
supérieur d'Agriculture Belge, cela deviendrait pour les fermiers un métier extrêmement lucratif qui, loin de favoriser
les longs baux, leur serait un trèsgrand obstacle. On verrait
des fermiers expérimentés, intelligents mais malhonnêtes
s'arranger de façon à bénéficier des plus-values en chan-
geant de fermes tous les trois, six ou neuf ans au maximum,
et l'indemnité serait une prime au roulement des fermiers
bien plus qu'une prime à leur stabilité.

§ 3. — Loi Anglaise.

Il nous reste à apprécier l'opportunité de l'exemple

qu'on voudrait voir imiter par la France de ce qui se fait en Angleterre. L'*Agricultural Holdings Act de 1883* proposé à notre admiration ne s'est point toutefois acquis toutes les sympathies dans son pays d'origine même où il a déjà subi d'amères critiques. D'après le *North British Agriculturist*, les vices de la loi nouvelle sont devenus si manifestes, les frais qu'entraine son application si exhorbitants et les résultats qu'elle produit si peu certains que beaucoup de très bons fermiers pouvant prétendre à une compensation hésitent à mettre en mouvement un mécanisme auss compliqué que dispendieux. Nous pourrions donc trouver un légitime motif de défiance à l'égard de cette loi, dans la déception causée par son application aux fermiers anglais, mais nous serons plus généreux, nous supposerons mal fondés les reproches qui lui ont été adressés, et nous rechercherons si, même envisagée sous l'aspect le plus favorable, cette loi peut apporter un solide appui aux revendications des partisans de l'indemnité de plus-value.

Il importe avant tout, pour faire d'utiles applications de droit comparé et tirer un réel profit pour les intérêts d'un pays de l'exemple donné par un autre, de s'enquérir si les mœurs, les usages, les traditions sont les mêmes dans ces deux pays. À ce propos, nous reproduirons une page de M. Léon Say, pleine de grâce et de vérité :

« On cite bien souvent, dit-il, ce vers charmant :

Plus je vis l'étranger, plus j'aimai mon pays.

» Il y a bien des manières de comprendre l'idée qu'il
» exprime et la meilleure est celle-ci : Il faut voir l'étran-
» ger, l'étudier, le comprendre, pour agrandir la sphère
» de notre expérience et ramener chez nous tout ce qui se

» fait de bon au dehors, afin de rendre notre pays meil-
» leur, plus grand, plus fort, plus digne enfin d'être aimé.
» La fureur d'importer les habitudes d'un autre pays dans
» le sien devient quelquefois une manie; il faut se garer
» de cette manie. Il est facile de s'en préserver d'ailleurs
» quand on procède scientifiquement et sans parti pris.
» Si c'est moins simple, c'est plus sûr. Quoi de plus
» simple, en effet, que de ramasser dans un voyage une
» plante parce qu'on la trouve belle et de l'emporter pour
» en orner son jardin? Mais quoi de moins sûr que de
» tenter une semblable acclimatation si on n'a fait aucune
» observation préalable sur le sol et sur le ciel; si on n'a
» pas consulté auparavant dans le pays de la belle plante
» le baromètre et le thermomètre; si on n'a pas enfin
» recueilli assez d'indications pour pouvoir créer chez soi
» à la plante transplantée des conditions d'existence sem-
» blables à celles dont elle jouissait dans son pays d'ori-
» gine? Il en est des lois comme des plantes : il leur faut
» un sol favorable et des conditions naturelles de dévelop-
» pement. Or le sol et les conditions favorables ne se
» trouvent pas partout (1). »

Ce sont précisément ce sol et ces conditions favorables
à la plante venue en Angleterre que l'on ne trouve pas en
France où certains de ces admirateurs voudraient la trans-
porter.

Nous l'avons déjà dit, deux grandes différences partagent
ces deux pays : au point de vue de la constitution de la
propriété et à celui des conditions ordinaires des baux.

L'Angleterre est le pays au monde où la propriété privée
est le moins respectée comme droit absolu. On y est encore
au régime de la propriété féodale, c'est-à-dire que le roi

<hr>

(1) Léon Say. — Le Socialisme d'État, p. 9, 10, 11 et 12.

est seigneur suzerain de toutes les terres du royaume, dont il peut seul se dire propriétaire, ses sujets n'ayant qu'un droit de simple tenure. Dès lors, on comprend l'intervention de l'État anglais, propriétaire véritable, dans les relations entre propriétaires et fermiers, mais on ne comprendrait pas l'intervention de l'État français dans les mêmes relations, la France ayant complétement abandonné les idées féodales sur la propriété : le domaine éminent et le domaine utile réunis sur la tête du propriétaire forment le droit de propriété individuelle auquel l'État ne peut toucher sous peine de violer les règles les plus élémentaires de la justice.

Rappelons aussi que le régime des substitutions fréquemment pratiqué en Angleterre est contraire aux améliorations agricoles, car d'une part le propriétaire ne se soucie guère de faire de grands travaux d'amélioration sur un domaine qui passera après lui à une personne substituée que bien souvent il ne connaît même pas, et d'autre part il ne peut garantir à son fermier qui voudrait faire lui-même ces améliorations une jouissance du domaine suffisamment longue pour lui permettre de retirer le bénéfice de ces opérations coûteuses. Rien de semblable n'existe en France où la prohibition des substitutions laisse entièrement libre la disposition de la propriété, le propriétaire étant assuré, d'une part, de transmettre aux personnes de son choix le domaine amélioré par lui; et le fermier, d'autre part, pouvant facilement obtenir des baux de longue durée et rémunérateurs.

Enfin les conditions des baux ne sont pas non plus les mêmes dans les deux pays. En Angleterre, les baux sont pour la plupart *at will,* c'est-à-dire à volonté, sans durée certaine et déterminée; le fermier est à la complète discrétion du landlord qui peut rompre le bail à son gré, suivant son bon plaisir. Aussi avant l'act de 1875, complété ensuite en 1883, le fermier qui avait entrepris des améliorations, dont il espérait tirer parti d'après le cours ordinaire des choses, était exposé à voir son bail être résilié subitement, d'un moment à l'autre, et à perdre par conséquent le fruit de ses avances. La nécessité de remédier à un état de choses aussi injuste fut un des principaux motifs de la promulgation de cette loi, tellement qu'elle ne s'applique pas à l'Écosse où l'usage des longs baux est introduit depuis longtemps. Jugée inutile en Écosse pour cette raison, cette loi le serait aussi en France où les baux même verbaux sont censés faits pour le temps nécessaire afin que le preneur recueille les fruits de l'héritage affermé (art. 1774); mais le plus souvent ils sont faits par écrit et ont toujours une durée déterminée, ordinairement fixée à neuf ans; le preneur sait exactement quand prendra fin sa jouissance et agit en conséquence. Les deux parties restent liées jusqu'à la fin du bail, le bailleur ne pouvant expulser son fermier ou lui donner congé d'une manière arbitraire.

Ni la constitution de la propriété, ni les conditions des baux ne se ressemblent donc en Angleterre et en France, et la réforme dont on voudrait nous voir prendre l'exemple chez nos voisins aurait presque certainement le sort de ces plantes exotiques dont parle M. Léon Say, qui, transplantées de leur pays d'origine dans un sol étranger, y meurent rapidement faute de trouver les éléments et le climat indispensables à leur vitalité. Nos adversaires eux-mêmes le reconnaissent, témoin cet aveu significatif de l'un d'eux : « Transplantée chez nous, la loi anglaise aura » grande chance, au moins pour un long temps, de dormir » au fond de nos Codes, de ce stérile sommeil auquel sont

» condamnées les lois qui ne sont pas d'accord avec les
» mœurs (1). » A cet aveu nous joindrons encore l'opinion professée sur cette loi anglaise par M. Baudrillart lui-
même : « Nous aurions compris de telles protestations s'il
» s'était agi d'imposer à la France, dans son intégrité, la
» loi anglaise qui règle les droits et les obligations du pro-
» priétaire et des fermiers.... Cette législation subordonne
» à l'excès l'action du propriétaire à celle du fermier....
» Nous admettons que cette sorte d'abdication entre les
» mains des fermiers dont se sont accommodés les lords
» anglais ne soit pas du goût de nos propriétaires (2). »

§ 1. — Autres critiques adressées à l'indemnité de plus-value.

Nous avons terminé l'examen des différents arguments
que les partisans de l'indemnité de plus-value invoquent à
l'appui de leurs revendications, et le nombre de points
faibles relevés contre eux nous parait suffisant pour battre
en brèche ou au moins ébranler leur thèse, et refuser de
joindre nos éloges à ceux qu'ils adressent à cette réforme.
Mais en dehors de la réponse aux différents arguments de
la partie adverse, il est encore d'autres critiques à formuler
contre ce principe de l'indemnité de plus-value au fermier
sortant.

I. — RUINE DES PETITS PROPRIÉTAIRES.

Il semble que les promoteurs de l'indemnité au fermier
sortant ne se soient pas rendu compte de l'extrême division
de la propriété en France et du nombre considérable de
petits et moyens propriétaires dont nos campagnes s'enor-

(1) *Journal des Économistes*, mars 1890, p. 329.
(2) *Journal des Économistes*, novembre 1889, p. 163.

gueillissent à si juste titre. Ces petits propriétaires forment une classe de travailleurs forts et laborieux nécessaire dans toutes les sociétés, plus nécessaire peut-être encore dans une société démocratique comme la nôtre et à l'absence de laquelle l'Angleterre et l'Irlande doivent une grande partie de leurs souffrances. Eh bien! ces petits propriétaires auront grandement à souffrir de l'indemnité au fermier sortant. Cette mesure les frapperait bien plus que les grands qui eux peuvent disposer de beaucoup de capitaux. Si un propriétaire qui ne possède que quelques hectares se voit repoussé par une demande reconventionnelle en partage de plus-value au moment où il croit recevoir son fermage, son principal et peut-être son seul revenu, que fera-t-il? Le malheureux devra vendre tout ou partie de son bien pour payer les améliorations plus ou moins aléatoires qui y ont été apportées, ou tout au moins il perdra ses revenus pendant longtemps, au risque de ne pouvoir plus tard profiter des améliorations par suite de gelées successives, inondations, pluies trop abondantes, sécheresse persistante. Et ainsi disparaîtrait petit à petit cette catégorie si intéressante des petits propriétaires dont les lopins de terre seraient absorbés par les grandes exploitations voisines.

II. — Difficulté d'appréciation de la plus-value.

Si, en théorie, il peut paraître équitable à certains esprits que le fermier sortant de bail reçoive une indemnité représentative de la plus-value apportée par lui à la terre, la justice ne sera vraiment respectée que s'il existe une parfaite équivalence entre la plus-value et l'indemnité; or, en pratique, cette équivalence ne se rencontrera jamais, car il sera toujours impossible d'apprécier exactement le surcroît de richesses renfermées dans le sol et par suite d'en évaluer exactement le montant.

La proposition de loi soumise dernièrement à la Chambre reconnaît seulement le droit à une indemnité pour la plus-value résultant d'améliorations culturales. En décidant ainsi, ses auteurs ont fait preuve de plus de sagesse que leurs prédécesseurs qui avaient donné au fermier le droit de se faire payer toutes sortes d'améliorations, eussent-elles consisté dans les travaux les plus coûteux, tels que défrichements, empierrements de chemins, dessèchements. Mais s'il est relativement facile de constater la plus-value provenant de plantations, constructions, défrichements et autres grandes opérations, il n'en est pas de même de celle résultant de simples procédés de culture. Dans le premier cas, il n'y a pour ainsi dire qu'à ouvrir les yeux, la plus-value est apparente, mais dans le second cas l'état extérieur des lieux n'a reçu aucune modification, il paraît être à la fin ce qu'il était au commencement. Comment vérifiera-t-on les assertions du fermier qui prétendra avoir augmenté la valeur de la ferme et laisser des terres plus fécondes et plus riches qu'il ne les avait reçues, grâce à l'application de procédés de culture perfectionnés, et à l'apport d'engrais très coûteux.

Il faudra nécessairement provoquer une expertise, et se livrer à l'analyse des terres. Mais outre l'inconvénient d'entraîner de très grands frais, ces expériences présenteront le grand désavantage de procurer des données très peu sûres et très incertaines, insuffisantes pour servir de base à une juste évaluation de la plus-value. En effet, il est impossible d'évaluer d'une manière équitable la richesse en éléments fertilisants d'une terre à l'entrée et à la sortie de jouissance du fermier. Un chimiste (et tous les experts ne sont pas chimistes) pourrait-il, dans l'état actuel de la science, établir d'une façon certaine et indiscutable, dans quelle proportion l'acide phosphorique, par exemple, répandu sous forme de superphosphate, a été employé par la récolte qui vient d'être enlevée et quelle est la quantité qui reste encore dans le sol?

La terre, dit M. Aubin, directeur du Laboratoire de la Société des Agriculteurs de France, pourra retenir, au grand maximum, pour un hectare 150 kilogr. de matières fertilisantes, ces 150 kilogr. seront composés d'acide phosphorique et de potasse, l'azote ayant certainement été consommé dès la première année, car il passe tout entier dans la végétation, donnant aux plantes la force et la couleur. — Or, l'acide phosphorique ne peut se doser avec une précision de plus de 1/50, et sur un hectare comportant 4 millions de kilogr. de terre on ne trouve que 80 kilogr. d'acide phosphorique, la constatation est donc impossible. Quant à la potasse, elle se dérobe aussi aux recherches, des terres la retiennent, d'autres la laissent échapper, et son dosage est encore plus délicat que celui de l'acide phosphorique.

De plus, l'épandage des engrais n'étant pas opéré également sur toute la surface des champs, les échantillons qui serviraient de bases aux expériences ne reproduiraient pas un état exact de l'ensemble de la terre soumise à l'évaluation. On remarque souvent au milieu d'une récolte sur pied des endroits formant taches, où la végétation est plus forte et la plante mieux nourrie. Ces taches indiquent les emplacements où ont séjourné les tas de fumiers avant d'être répandus sur le champ entier. Évidemment ces parcelles soumises à l'analyse accuseraient une bien plus forte richesse en éléments fertilisants que les parcelles voisines qui n'auraient pas été aussi imprégnées.

Et puis, l'effet des engrais ne varie-t-il pas dans d'énormes proportions suivant qu'ils sont distribués à des terres fraiches ou sèches, légères ou argileuses, dans tel ou tel état de préparation ; et quand un chimiste, avec tous ses réactifs, pourrait venir, à chaque pièce de terre, donner la teneur en azote, acide phosphorique, chaux et potasse, il n'aurait pas encore trouvé une base d'appréciation sérieuse, car il y en a une qui fera toujours défaut, c'est l'assimilabilité. Il peut y avoir, en effet, de grandes quantités d'engrais enfouies dans la terre, mais elles resteront inutilisables, si ces engrais ne se trouvent pas dans les conditions exigées par l'assimilabilité.

D'ailleurs, une augmentation apparente de fertilité peut correspondre à une diminution réelle de fécondité ; les récoltes peuvent être plus belles que les précédentes sur une terre, et cette terre cependant être moins riche. Tous les agronomes sont d'accord pour reconnaître la vérité de cet adage : « La chaux enrichit les pères et ruine les » enfants, » car le chaulage et le marnage produisent de l'azote dans le sol, mais n'en rendent pas au sol ; on surexcite ainsi l'activité de la végétation, mais si l'on n'a pas soin de bien fumer le sol, il s'appauvrit ensuite petit à petit. De même encore, la réserve d'azote d'une terre riche en cet élément pourra être diminuée par l'apport de phosphore ou de potasse qu'on considérera comme une amélioration ou par le développement exagéré de la culture des légumineuses qui permettra pourtant pendant un certain temps, de diminuer l'apport des fumures azotées.

Enfin les uns, avec les savants anglais de Rothamsted, prétendent que les engrais chimiques ne se capitalisent dans le sol que pour une année et ne donnent point lieu par conséquent au paiement d'une indemnité ; les autres, au contraire, enseignent l'existence dans le sol d'engrais qui ne le quittent qu'après plusieurs années, restant dès lors immobilisés assez longtemps et augmentant la richesse du fonds.

L'emploi si répandu et si utile des engrais chimiques dans la culture actuelle, d'une part, et l'impuissance des chimistes les plus expérimentés à s'entendre sur le degré de fertilité apportée et conservée par ces engrais au sol, d'autre part, rendent donc impossible pratiquement l'introduction dans nos lois de l'indemnité de plus-value au fermier sortant. « Il y a dans ces contradictions scientifiques, » dit M. Lecouteux, des motifs suffisants pour regarder, » comme n'étant pas résolu, le problème de l'estimation » des engrais laissés dans le sol par les fermiers amélio- » rateurs. L'estimation est certes plus facile pour les fer- » miers dont la durée d'action est plus longue et dont » l'abondance est justifiée par le bétail et par les fourrages » de la ferme. Elle devient très difficile pour les engrais » chimiques que le fermier a pu récupérer par ses récoltes » des dernières années du bail (1). »

La même difficulté existe pour l'appréciation de la plus-value apportée à la terre par les autres travaux de culture. Sans doute on pourra facilement évaluer le coût des labours, mais comment déterminera-t-on d'une manière précise la part qui revient à l'ancien fermier dans l'approfondissement de la couche cultivée? Et puis, la propreté du sol, comment la tarifer? Une terre sortant de trèfle, luzerne ou sainfoin peut ne pas être bien nettoyée, et malgré cela être bien propice pour des récoltes sarclées.

On a prétendu tourner cette difficulté d'appréciation en prenant pour base un chiffre connu et réel, c'est-à-dire la différence entre le prix de la nouvelle location et celui de

(1) *Journal d'Agriculture pratique*, du 25 septembre 1880.

l'ancienne, cette différence devant représenter exactement la plus-value dont a profité le domaine par le fait du fermier sortant. Il y a là un oubli des causes multiples qui régissent le taux des locations de domaines ruraux. En dehors de la plus-value résultant d'améliorations, d'autres causes indépendantes du propriétaire et du fermier influent sur ce taux, tels sont le développement de la population et de l'aisance, le perfectionnement des voies de transport ou encore l'extension des débouchés. Le fermier n'est pour rien dans l'augmentation de valeur dont bénéficie ainsi le domaine, et toute la difficulté subsiste pour déterminer sûrement dans le surcroît du prix de location la part représentative de ses améliorations.

Quand bien même d'ailleurs les travaux de culture et les apports d'engrais pourraient être justement estimés relativement à la plus-value, il y aurait encore d'autres points de vue à considérer pour la fixation de l'indemnité accordée au fermier. Il faudrait distinguer entre les différentes espèces de baux, à long et à court terme, entre les améliorations faites par le fermier à la veille de sa sortie et uniquement en vue de se créer un titre de créance, et celles faites dès son entrée en jouissance ; on devrait avoir égard aux récoltes plus ou moins nombreuses dont il aurait profité en plus ; en un mot, il y aurait à tenir compte d'une foule de circonstances et de conditions particulières impossibles à prévoir dans une loi, et dont il faut laisser l'examen et le règlement aux conventions particulières.

Cette difficulté d'appréciation de la plus-value apportée à la terre par les soins et les travaux du fermier suffirait à elle seule pour nous faire écarter le principe de l'indemnité, si toutefois ce principe était admis. En effet, la réforme ne serait pas pratique, puisqu'il serait impossible de déter-

miner un mode certain de procéder dans la fixation de l'indemnité ; les auteurs de la dernière proposition de loi se
sont bien rendu compte de cette difficulté, mais, loin d'essayer de la trancher, ils ont gardé sur ce point un silence
prudent. Cependant inscrire le principe de la revendication
dans la loi, en laissant les détails à l'appréciation de chacun,
cela ne suffit pas, une loi n'est pas un principe. Aussi ce
projet viendrait-il à être voté, il ne tarderait pas longtemps
à devenir un véritable nid à procès entre fermiers et pro-
propriétaires, au dire même de ses partisans : « Si ces dis-
» positions, écrit l'un d'eux, reçoivent force de loi et sont
» adoptées dans leurs termes susceptibles de tant d'inter-
» prétations, les juges auront fort à faire : il leur faudra
» fixer la jurisprudence et ajouter à la taille de notre con-
» trat de bail ce vêtement flottant dont le législateur n'aura
» fait qu'indiquer les contours. Pendant cette période de
» formation et de transition, c'est à d'autres qu'aux fer-
» miers sortants, c'est aux avocats de justice de paix
» qu'ira sans doute le plus clair des indemnités de plus-
» value (1). » Triste cadeau qui serait fait là à nos braves
cultivateurs peu processifs par tempérament et dont le bon
sens redoute avec raison la chicane toujours onéreuse.

III. — L'Indemnité obligatoire.

La proposition de loi de M. Dubois, comme presque toutes
les précédentes, contient une disposition aux termes de laquelle toute clause contraire est annulée de plein droit. Toute

(1) *Journal des Économistes*, mars 1890, p. 331. Sic : M. Lemaistre qui,
dans son rapport sur la proposition Lesouëf. (Doc. parl., Chambre des
Députés 1888, annexe 2078). y voit une source de procès interminables.
C'est aussi cette crainte des procès et des difficultés qui dernièrement a fait
repousser le principe de l'indemnité au fermier sortant par la Société d'Agriculture de Melun, et d'autres sociétés de Seine-et-Marne, Seine-et-Oise, Cher,
et Indre.

convention ayant pour but d'empêcher l'application de la loi sera nulle et de nul effet. Interdiction est faite au fermier pendant le bail ou plus tard de renoncer au bénéfice de l'indemnité de plus-value à laquelle il peut avoir droit à la fin de sa jouissance.

Cette clause coercitive serait légitimée par l'utilité de l'indemnité; mais il faudrait admettre alors que tout ce qui est utile doit faire l'objet d'une prescription inéluctable du législateur. Que deviendra donc l'initiative humaine, ce grand facteur du progrès? Le fermier, nous l'avons déjà dit, n'a pas besoin d'être protégé par la loi au moment de la conclusion du bail; il est alors absolument libre vis-à-vis du propriétaire, il a accepté la situation en pleine connaissance de cause; pourquoi donc aurait-il le droit de formuler plus tard des réclamations auxquelles il aurait expressément renoncé?

Si l'on nous objecte que sans cette disposition la loi restera lettre morte, tous les baux devant contenir une clause dérogatoire qui deviendrait bientôt de style, nous répondrons : cela prouvera que les propriétaires sentent bien les dangers de la nouvelle législation, et qu'aux yeux mêmes des fermiers, elle ne répond pas à un véritable besoin.

Il pourrait d'ailleurs y avoir une injustice flagrante à accorder dans tous les cas contre le propriétaire au fermier un droit à indemnité pour des améliorations même très réelles. Ne peut-il pas se faire, en effet, qu'un propriétaire, au moment où il concluait le bail avec son fermier, ait accordé à celui-ci, sur sa demande, une réduction du taux du fermage, recevant en échange de sa part la promesse d'exécuter certaines améliorations qu'ils avaient tous deux en vue. Cet arrangement, supposons-le, n'a pas été visé dans le texte du bail; le propriétaire a eu confiance dans la promesse verbale de son preneur et s'est contenté d'insérer une clause qui le libérait de tout paiement d'indemnité pour améliorations à la fin du bail. Cette clause étant déclarée nulle par la loi, le fermier, au moment de sa sortie de la ferme, pourrait, s'il était malhonnête, exiger, cette loi en main, d'être encore indemnisé une seconde fois, après l'avoir été déjà une première fois par la baisse du fermage. Un tel résultat est inadmissible, il est contraire à la plus stricte justice.

On veut aussi en déclarant l'indemnité obligatoire enlever au propriétaire le droit d'empêcher son fermier de faire toutes les améliorations que celui-ci jugerait utiles. Bien souvent pourtant ce propriétaire aura des raisons très sérieuses pour repousser les propositions de son fermier. Celui-ci lui demande de participer à des travaux coûteux ou de lui permettre des améliorations dispendieuses qui pourront donner lieu à la fin du bail, à une grosse indemnité de plus-value. S'il ne consultait que son désir, ce propriétaire donnerait volontiers l'autorisation demandée, mais il doit consulter aussi l'état de ses finances, et cet état ne lui permet pas de s'engager à supporter plus tard, sous forme d'indemnité de plus-value, la dépense qu'on lui propose actuellement. En refusant, n'agira-t-il pas en bon père de famille soucieux de ses intérêts, et peut-on lui faire grief d'une si sage prudence?

Disons-le franchement, ce caractère obligatoire attaché à l'indemnité révèle d'une façon manifeste le véritable but de cette prétendue réforme qui n'est qu'une des nombreuses formes que prend la crise sociale pour attaquer la propriété. Personne n'a cependant le droit de s'approprier le bien d'autrui; or, d'après les nouvelles lois proposées, le propriétaire deviendrait le commanditaire forcé du fermier ou plutôt un simple redevancier. Les tenanciers cultiveront leurs domaines à leur mode et se les transmettront de main

en main, car les fermiers lancés dans cette voie trouveraient
toujours d'excellentes raisons pour faire ce qu'ils appellent
des améliorations. Le propriétaire, comme on l'a dit, fini-
rait bien vite par être payé... en améliorations.

On verrait aussi les fermiers expulsés pour défaut de paiement ne jamais manquer d'opposer d'une prétendue compensation avec la plus-value qu'ils auraient procurée, pour
demeurer sur le fonds loué et gagner des délais, ne fussent
que ceux de la procédure qui s'engagerait forcément.

D'ailleurs, le juste corollaire de l'obligation pour le propriétaire de payer à son fermier une indemnité à raison des
améliorations faites par lui, serait, nous semble-t-il, l'obligation pour le fermier de permettre au propriétaire de faire
sur sa terre toutes les améliorations qui lui conviendraient,
mais ne serait-ce pas là une grave atteinte à la liberté de
jouissance du preneur?

Enfin, nous nous appuierons encore sur le témoignage
de partisans mêmes de l'indemnité de plus-value pour rejeter cette clause coercitive. M. Fombelle, dans son rapport
sommaire sur la proposition Dugué de la Fauconnerie, disait :
« N'est-il pas permis de nier raisonnablement le caractère
» d'ordre public de pareilles dispositions, et pour cette rai-
» son, nous trouvons excessive la sanction attachée à la
» convention que l'on déclare nulle (1); » et nous lisons
dans l'exposé des motifs de la proposition Lesouëf : « Nous
» avons pensé qu'il fallait respecter absolument la liberté
» des conventions (2). »

C'est aussi notre opinion, et ce sera la conclusion que
nous étendrons à toute cette question dans notre Section IV
et dernière.

(1) *Journal officiel*, Doc. parl., Chambre des Députés, année 1887, annexe
n° 1856.
(2) *Ibid.* 1888, annexe n° 2.755.

SECTION IV

Conclusion.

Sans aucun parti pris et sous aucune autre influence que celle du bon sens et de l'équité, nous nous déclarons franchement contre la loi du droit du fermier sortant à une indemnité de plus-value pour améliorations aux terres. Toutefois, il nous faut faire une réserve pour les améliorations culturales des dernières années.

Il y a, en effet, à distinguer entre ce que nous appellerions la plus-value en bloc résultant de toutes les améliorations faites pendant le bail et la plus-value provenant des améliorations des deux dernières années.

La première plus-value peut être produite soit par des améliorations permanentes ou foncières, soit par des améliorations purement culturales. Quant aux améliorations foncières (dessèchements, défrichements, nivellements, terrassements, irrigations, drainages, constructions de routes, etc.), étant donné leur importance, nous pensons qu'elles devront toujours faire l'objet d'accords préalables entre le propriétaire et le fermier. Ces opérations peuvent être inutiles ou nuisibles et souvent très coûteuses, n'est-il pas tout à la fois plus sage et plus simple pour les parties intéressées de s'entendre entre elles avant de les entreprendre plutôt que de devoir discuter ensuite après l'exécution. Nous n'exigerons pas la même entente préalable pour les améliorations purement culturales effectuées au cours du bail par le preneur, mais nous lui refuserons le droit à une indemnité à raison de ces améliorations, estimant qu'il est suffisamment rémunéré par les récoltes plus abondantes qu'elles lui procurent. Il les a faites dans ce but et ne peut réclamer davantage. Aussi reconnaîtrions-nous le droit à une compensation quand par suite d'un cas fortuit (mort, expropriation, etc.), le fermier se trouverait privé inopinément, au milieu de sa jouissance, de terres bien fumées et enrichies par lui.

A la fin du bail, la question ne se présente plus de la même façon en ce qui concerne les labours, semences, fumures et arrières-fumures laissées par le fermier sortant. En réalité, comme nous l'avons dit déjà, il n'y aura pas ici le plus souvent de plus-value apportée au sol, mais uniquement une conservation de la valeur de ce sol. Si le fermier, à son entrée en jouissance, a trouvé une terre en bon état de culture, il doit la rendre telle c'est-à-dire bien fumée, ensemencée et labourée : N'a-t-il rien payé au commencement du bail pour la reprise, il n'aura droit à la fin, à aucune indemnité (1) ; a-t-il au contraire soldé à son prédécesseur une certaine somme, cette somme lui sera remboursée à sa sortie, s'il a conservé les terres dans le même bon état général (2).

De cette façon, l'épuisement des terres en fin de bail est empêché dans les deux cas, car dans le premier, sa constatation donnerait lieu à une indemnité de moins-value au profit du propriétaire, et dans le second il serait contraire à

(1) Jugé ainsi par le Tribunal civil de Lille, 1re Chambre, le 27 avril 1893. — « S'il est d'usage que le fermier entrant paie au fermier sortant les graisses, » fumures et amendices que ce dernier laisse sur les terres, cet usage ne saurait » être appliqué que dans le cas où le fermier sortant a lui-même payé, lors de » son entrée dans la ferme, soit au propriétaire, soit avec son agrément au » précédent occupeur, une pareille indemnité. » *Ibid.*, Jugement du 15 déc. 1887.

(2) Cpr. la décision de Palou (§ 50) rapportée p. 27.

l'intérêt du fermier sortant qu'il priverait de son droit au remboursement. De plus, nous contournons ainsi la difficulté d'appréciation signalée plus haut et le danger de graves erreurs à commettre relativement à l'évaluation de la richesse d'une terre en matières fertilisantes ; aussi serions-nous porté à accepter la clause nouvelle formulée à ce sujet par le projet de révision du Code Belge. C'est l'article 68 ainsi conçu : « Le bailleur est tenu de rembourser au fer-
» mier sortant la valeur des fumiers, labours et ensemence-
» ments faits par celui-ci en vue des fruits qu'il ne récolte
» pas, à moins qu'il n'ait profité à son entrée, sans payer
» d'indemnité, de frais analogues faits par le fermier pré-
» cédent. » Nous ne rendrions point pourtant cette clause obligatoire, laissant aux parties pleine liberté de régler la reprise des terres, comme elles l'entendraient, car cette reprise peut donner et donne déjà lieu d'ailleurs à divers arrangements entre le fermier sortant et le propriétaire, ou plus fréquemment entre le sortant et son successeur. Rien n'est plus juste en ce cas, nous semble-t-il, que de permettre à chacun de régler ses conventions à sa guise (1).

Comme combinaison digne d'être signalée à ce propos, nous recommanderons le système préconisé dans le projet de bail rédigé par la Société d'Agriculture de Meaux. La date de l'entrée en jouissance du nouveau fermier y est fixée au 1ᵉʳ juin de l'année de l'expiration du bail ; de plus cette année-là, les récoltes sont estimées au fur et à mesure de leur maturité, et reprises par le propriétaire ou le fermier entrant avec la garantie du propriétaire. Par ce mode d'entrée en jouissance le fermier sortant est intéressé à continuer jusqu'au dernier moment la culture intensive : « Laisse-t-il

(1) Voir la clause citée p. 160 en note.

» une terre riche d'engrais, dit M. Tronchon dans son rap-
» port sur ce projet, elle sera couverte d'une abondante
» récolte, dont le prix lui remboursera les frais faits pour
» l'obtenir; laisse-t-il de grandes étendues de vigoureux
» fourrage, leur valeur élèvera le chiffre de l'expertise. A
» l'antagonisme on substitue ainsi l'harmonie des intérêts
» du fermier entrant et du fermier sortant, au grand béné-
» fice de la Société qui ne verra plus un homme intelligent
» occuper ses facultés à détruire la force productive de la
» terre qu'il cultive.

» Un autre avantage de notre mode d'entrée en jouis-
» sance, continue le rapporteur, c'est la suppression com-
» plète de cette cohabitation de 18 à 20 mois qui engendre
» tant de difficultés entre deux hommes, animés le plus
» souvent, l'un à l'égard de l'autre, des dispositions les
» moins bienveillantes. Le jour même où le nouveau
» fermier entre en jouissance, l'ancien sort de la ferme;
» jusqu'au dernier jour il a occupé tous les bâtiments,
» comme il a cultivé toutes les terres; son bail est fini; il
» laisse le champ libre à son successeur (1). »

Cette difficulté de cohabitation est aussi supprimée dans
un projet du même genre établi par le Comice agricole de
Soissons, mais tandis qu'à Meaux l'expertise porte sur des
récoltes, à Soissons elle porte sur les labours et semences.
Cette dernière reprise est moins lourde et exige moins de
capitaux, point de vue à considérer dans l'état actuel de la
culture, mais d'un autre côté la reprise des récoltes a d'abord
l'avantage de porter sur des résultats acquis, sur des valeurs
réelles, ensuite elle révèle l'état de fertilité de la terre, enfin
elle intéresse le fermier à son travail jusqu'à la dernière

(1) Projet de bail pour les exploitations rurales et Rapport par M. Bernard
Tronchon. — A Meaux, chez Charriou, 16, rue Saint-Étienne.

minute. Avec l'autre système, au contraire, il sème les
blés d'automne et prépare les terres pour les ensemencements de printemps pour son successeur. Apportera-t-il
à la préparation des terres et à leur ensemencement les
mêmes soins que si la récolte devait lui appartenir (1)?

Cette réserve faite relativement aux « graisses et amen-

(1) Voici le système de cession inscrit dans le projet de bail de Meaux. —
Prise de possession. — Le fermier entrant prendr   la ferme et la jouissance de
tous les biens loués, le 1er juin mil huit cent   , époque à laquelle le
fermier sortant cédera sa récolte pleine et entière et devra quitter les lieux
et laisser libres les bâtimens loués.

Le propriétaire ou le fermier entrant, sous la garantie du propriétaire, devra
au fermier sortant la valeur de toutes les récoltes en terre.

L'expertise, pour déterminer la valeur de ces récoltes, sera faite au fur et à
mesure de leur maturité et après s'être assuré du rendement par les expériences les plus pratiques.

Chaque partie désignera un expert. Les deux experts auront la faculté de
s'en adjoindre un troisième, qui sera désigné par le juge de paix si les deux
experts ne peuvent s'accorder sur son choix. Ils régleront le prix et les conditions de la cession, en se conformant aux us et coutumes de la localité. La
décision des experts sera sans appel.

Le paiement du prix de la cession aura lieu sans intérêts et par parties
égales aux termes de Noël, Pâques et saint Jean Baptiste suivants.

Les preneurs cultiveront les terres comme bon leur semblera, sous le rapport des assolements, mais en bons pères de famille, sans pouvoir les détériorer ni épuiser, et devront au contraire fumer largement pendant le cours
de leur exploitation. Toutefois, ils devront comme condition expresse, sous
peine de tous dommages et intérêts, disposer leur culture de façon à ce que
la dernière année de leur jouissance un tiers de leurs terres soit préparé pour
recevoir à l'automne suivant un ensemencement en blé. Ils seront tenus
également, sous les mêmes réserves de tous dommages et intérêts, de laisser
la quantité de   hectares de luzerne de un an et de deux ans, qui seront
au même titre que toutes autres récoltes, payés au fermier sortant par le
fermier entrant.

Les preneurs entretiendront les prés en bonne nature de fraîcheur, ne
pourront ni les retourner, ni les dénaturer, et devront les faire étaupiner de
façon à les rendre à fin du bail nets et à faux courante. Ils devront aussi les
amender quand il sera nécessaire et de manière qu'un tiers desdits prés le
soit pour la dernière fois l'avant dernière année de leur jouissance.

Système de Soissons. — Les preneurs jouiront des biens loués en toute
liberté. Ils ne seront tenus à aucun assolement. Ils remettront les terres en
une seule fois après la dernière récolte qui sera celle de   . Cette remise
de terre aura lieu le 15 février   . Jusqu'à cette date ils auront l'entière
jouissance de tous les bâtiments et de toutes les terres de la ferme, pour cultiver, ensemencer, fumer, labourer comme s'ils devaient eux-mêmes faire
cette récolte de   . Les terres seront remises en bon état de culture.

Tant   ensemencé en blé.
Tant   disposé pour avoine.
Tant   en luzerne.
Tant   disposé pour recevoir et ayant déjà reçu en partie les fumiers
de l'année, propres à la jachère.

Il sera tenu compte au fermier sortant par le propriétaire ou son représentant, de tous les labours, semences et charrois de fumiers et amendements
exécutés sur les dites terres   . L'expertise aura lieu à la requête d'une
des parties intéressées, le 10 février   , de manière à fixer exactement la
situation des ayants droit pour le 15 février, jour où la prise de possession
aura lieu par les successeurs au présent bail.

dices » et autres frais faits en dernière année, réserve qui sauvegarde l'entretien et la conservation de la fertilité du sol, nous n'admettons pas la codification de l'indemnité de plus-value décrétée obligatoire pour toutes améliorations culturales en général ; nous voulons conserver saine et sauve sur ce point la liberté des conventions entre propriétaires et fermiers.

Dans cette liberté seulement se trouvera le remède aux maux de l'agriculture. Loin de nous, en effet, la pensée de prétendre que tout soit pour le mieux dans notre pays au point de vue agricole ; nous ne nions pas la triste situation du cultivateur français, mais nous nions la possibilité d'une amélioration de cette situation au moyen de la mesure proposée. La codification de l'indemnité de plus-value engendrerait la discorde et la tyrannie dans les rapports de fermiers à propriétaires. En effet la culture devrait être surveillée, réglée, le fermier deviendrait une sorte de métayer, sous les ordres du propriétaire dans bien des cas. Sa liberté, sa dignité, son initiative disparaîtraient sous cette ingérence juste et nécessaire du bailleur.

Ne se heurterait-on pas, d'ailleurs, dans cette codification de l'indemnité de plus-value, à un obstacle insurmontable ; comment appliquer sur ce point à tous les fermiers de France une loi uniforme, alors que les usages, les besoins, les nécessités diffèrent d'une région à l'autre. Telles coutumes, tels usages disparus dans une contrée, se maintiennent invariablement dans une autre. Tel pays est favorable à une culture intensive ; la nature du sol de tel autre s'y oppose complètement. Les fermiers du Nord prennent la terre nue, sans cheptel d'aucune sorte vif ou mort, et munis d'un certain capital d'exploitation ; les fermiers du Centre, au contraire, reçoivent du propriétaire non seulement les bâtiments nécessaires à l'exploitation, mais encore un cheptel représentant en moyenne la valeur de deux années de fermage; l'exploitation du sol dans les départements bretons diffère de celle des régions alpines; des pratiques spéciales surgissent suivant les nécessités locales; aussi faut-il renoncer à un nivellement à une réglementation unique.

De plus, dans cette réglementation de l'indemnité, il faudrait tenir compte d'un ensemble de circonstances difficiles à déterminer et à prévoir dans un texte de loi, telles que le sureroît de produits obtenus, les compensations accordées, la durée du bail, les conditions de reprises, etc... On ne peut édicter une règle générale pour ces différents cas dans lesquels, il est préférable d'appliquer la règle romaine : « *Bonus judex varie ex personis causisque constituet.* » D'ailleurs tous les auteurs de propositions de lois sur la matière ont été arrêtés par cette impossibilité de codification uniforme, et ont dû s'en tenir aux termes les plus généraux et les plus vagues.

La codification de l'indemnité de plus-value serait un vêtement trop raide et trop gênant pour le contrat de bail à ferme qui a besoin au contraire de se mouvoir librement et de jouir d'une grande souplesse. Le législateur de 1804 avait compris ce besoin du Contrat de Louage et notamment du Bail à ferme, et s'était bien gardé de lui mettre les entraves dont on voudrait l'accabler aujourd'hui : « Il » suffit, dit M. Escorbiac, que le Code apprenne aux parties » la nature et les conditions essentielles du contrat projeté, » qu'il leur en indique nettement la portée, les lignes géné- » rales, qu'il leur en fournisse pour ainsi dire le cadre. » Quant à régler lui-même ce cadre, quant à dicter aux » parties les clauses particulières de la convention dont il

» leur offre le modèle, qu'il s'en garde bien. Cette régle-
» mentation à outrance aurait des inconvénients certains,
» et les avantages en seraient plus que douteux. Elle
» n'étoufferait pas, quelque minutieuse qu'elle fût, le germe
» des contestations futures, elle serait gênante pour les con-
» tractants, dont elle enchaînerait la liberté. Ces considé-
» rations que les hommes politiques ne doivent jamais
» perdre de vue, quel que soit l'objet sur lequel ils légi-
» fèrent, s'appliquent plus particulièrement encore à la
» matière du Louage. De tous les contrats, dénommés par
» le Code, il n'en est aucun qui ait un plus grand besoin
» de liberté, d'air, d'espace et dont la nature soit plus
» rebelle à tout essai de réglementation. Les situations des
» parties sont si variées, leurs intérêts si multiples, si
» contradictoires, qu'à moins d'établir des distinctions
» infinies, de créer une règle spéciale pour chaque cas par-
» ticulier, il est absolument impossible de tout prévoir et
» de tout protéger (1). »

La pratique du fermage, telle qu'elle est réglementée
d'ailleurs par le Code civil, n'a pas empêché les progrès
agricoles qui se sont produits jusqu'ici, et il n'est point
besoin d'une loi pour introduire dans les baux le principe
de l'indemnité. Sous la seule influence du libre jeu des
conventions, d'heureuses modifications ont été déjà apportées à la rédaction des baux, pour permettre aux fermiers
de s'assurer qu'ils ne perdront point le fruit de leurs efforts
et de leurs dépenses.

Il suffit que le propriétaire et le fermier sentent bien l'un
et l'autre l'utilité d'une amélioration pour qu'elle puisse
s'exécuter, eux seuls sont à même d'en apprécier l'oppor-

____

(1) Lois nouvelles, 1889, p. 61 et 62.

tunité, et la loi ne doit pas intervenir dans ce débat particulier où sa rigidité occasionnerait des heurts et des froissements nuisibles à l'union et à la paix si désirables entre propriétaires et fermiers. Si l'agriculture doit redevenir prospère, le principal agent de cette prospérité sera l'union étroite entre les propriétaires et les exploitants qui doivent se regarder non pas comme des adversaires, mais comme des alliés retirant d'un même domaine des avantages réciproques.

A la place de l'entente et de l'union qui vivifient et fortifient, la codification de l'indemnité de plus-value ferait naître les difficultés et la chicane qui divisent et ruinent. La liberté seule pourra produire entre propriétaires et fermiers une association vraiment féconde, l'obligation légale les asservira; la contrainte étouffera les heureuses initiatives, la liberté favorisera l'accord qui réglera pour le bien commun les droits du fermier sortant.

L'indemnité au fermier sortant, a-t-on dit avec raison, est une indemnité réclamée par les fermiers qui ne veulent pas s'entendre avec leurs propriétaires. Mieux vaut laisser la liberté des conventions; nous répéterons après Troplong : « Tant est la liberté, tant est la propriété, la seconde subit » le sort de la première (1). » Nous avons déjà vérifié la vérité de cette affirmation, en indiquant la grave atteinte dont serait frappée la propriété par l'inscription dans la loi du droit pour le fermier sortant à l'indemnité de plus-value.

Conservons donc intacte cette précieuse liberté des conventions; elle est de l'essence même de toute bonne législation et la loi ne doit y admettre de dérogations que pour des causes fondées sur l'ordre public et les bonnes mœurs,

---

(1) TROPLONG. — De la propriété sous le Code civil, ch. I, p. 6.

causes qui n'existent pas en la circonstance. Puisque les
partisans de l'indemnité de plus-value invoquent en leur
faveur l'exemple de l'étranger, qu'ils nous permettent
d'appeler à notre tour en témoignage un étranger, un
Suédois, M. le baron Bonde qui clôturait ainsi la discussion entamée sur ce sujet au Congrès international d'agriculture. « La discussion d'aujourd'hui, disait-il, a montré
» qu'au fond il s'agit ici de la liberté des conventions
» entre le propriétaire et le fermier, et il ne m'est pas pos-
» sible de supprimer la liberté des conventions.... Je vous
» assure que dans mon pays où tout le monde a la liberté,
» on serait bien étonné si on apprenait que vous n'avez
» pas en France la liberté des conventions. Oui, si je venais
» dire dans mon pays que le Code doit intervenir dans les
» conventions entre particuliers, on serait bien étonné,
» que dis-je ? on ne me croirait pas. J'estime en effet
» que c'est là la chose la plus dangereuse. Ce qu'il y a de
» plus nécessaire pour le progrès de l'agriculture (et c'est
» là le but auquel nous tendons), c'est la collaboration
» des fermiers et des propriétaires ; il ne faut pas les
» séparer et en faire deux classes différentes : ce ne sont
» pas deux classes différentes ! Le propriétaire représente
» le capital foncier, le fermier le capital d'exploitation.
» Eh bien ! ces deux capitaux doivent être unis et non
» point séparés. Si vous n'admettez pas la liberté des
» conventions, si le fermier et le propriétaire n'ont pas le
» droit de convenir entre eux librement du règlement de
» l'indemnité, si c'est la loi seule qui doit décider à l'ex-
» piration du bail, le fermier et le propriétaire se tiendront
» chacun de son côté ; ils seront ennemis, le capital foncier
» sera séparé du capital d'exploitation, et je crois que cela
» peut être au détriment du fermier.... A mon avis, la

» seule manière de progresser, c'est de laisser la liberté des
» conventions pleine et entière, de laisser les particuliers
» s'arranger ensemble, comme ils l'entendront (1). »

C'est aussi l'avis exprimé par M. Barral, lors de l'Enquête
agricole : « Pour moi, disait-il, le principe de la liberté
» doit toujours être respecté. Il faut que la loi l'encourage
» par des mesures libérales qui n'aient rien de gênant et
» qui rendent possibles certaines clauses quand on les
» invoque (2). »

Ces clauses peuvent, en effet, varier à l'infini, et il faut
laisser aux parties le soin de choisir celles qu'elles pré-
fèrent. Qu'on s'efforce de modifier de plus en plus la rédaction des baux par l'introduction de ces clauses, ce sera là un
véritable remède plus puissant que l'indemnité de plus-value.

MESURES PROPRES

AU RELÈVEMENT DE L'AGRICULTURE FRANÇAISE.

Après avoir repoussé comme inefficace la réforme consistant en la codification de l'indemnité de plus-value, il
nous semble juste et utile de terminer cette étude en indiquant sommairement les principaux remèdes propres à rani-
mer la vie dans nos campagnes et à donner une nouvelle
prospérité à nos cultivateurs.

§ I. — Mesures législatives.

C'est d'abord aux législateurs que nous nous adresserons, en leur disant : Vous voulez véritablement relever

(1) Congrès international, p. 388 et 389.
(2) Enquête agricole. — Dispositions orales, p. 19.

l'état de l'agriculture française; vous prétendez, grâce à l'indemnité de plus-value promise au fermier, amener celui-ci à une culture intensive et augmenter la production agricole nationale. Mais la surproduction agricole, souvenez-vous-en, n'est bonne que si les produits trouvent des débouchés suffisants. Il ne suffit pas de produire beaucoup, il faut trouver des débouchés et réaliser des bénéfices. Avant donc de demander au cultivateur français d'augmenter sa production, assurez-lui le moyen d'être rémunéré des frais d'une culture intensive c'est-à-dire onéreuse.

I. — Protection du marché intérieur.

Accordez donc en premier lieu à cet agriculteur français une sérieuse protection du marché intérieur qui, par des tarifs douaniers suffisants, le défende contre la concurrence étrangère, et empêche l'abaissement du prix des produits nationaux. Favorisez aussi l'exportation de ces produits par un système de primes sagement combiné.

II. — Répression de l'agiotage.

Vous voulez, dites-vous, défendre les faibles contre les forts, attaquez donc les véritables ennemis de ces faibles, de ces cultivateurs, ce ne sont pas leurs propriétaires mais bien ces spéculateurs, ces agioteurs qui, par leurs accaparements, leurs coups de Bourse, soumettent le marché des denrées agricoles à une agitation constante, à des mouvements désordonnés et compromettent grandement la sécurité des affaires. Empêchez le jeu sur les blés, les sucres, les grains, les huiles, et l'on connaîtra alors la valeur de la marchandise réelle qui actuellement fait l'objet d'opérations fictives où elle est sans cesse vendue et revendue.

III. — Réforme des impôts.

N'oubliez pas non plus que cette terre française, ce sol que vous voulez rendre de plus en plus fécond, est actuellement écrasé sous le poids des impôts dont il supporte la plus lourde part. Répartissez d'une manière plus équitable ce pesant fardeau entre la propriété mobilière et la propriété immobilière, et vous verrez s'échapper du sein de nos sillons des forces vives impitoyablement opprimées jusqu'ici.

IV. — Représentation de l'agriculture.

Donnez enfin à l'agriculture une représentation officielle. Le commerce a ses Chambres de commerce pour le représenter et défendre ses intérêts, reconnaissez le même droit à l'agriculture, et établissez des Chambres d'agriculture qui assureront aux intérêts agricoles une représentation utile et compétente.

Puissent ces diverses réformes être réalisées un jour par le vote de nos Assemblées législatives ; elles feraient plus pour la prospérité de notre agriculture que la meilleure des lois sur l'indemnité de plus-value, car au lieu de se restreindre comme cette dernière aux fermiers seuls, elles étendraient leurs bienfaits à tous les exploitants du sol français.

§ 2. — Mesures particulières.

Les mesures législatives seules ne pourraient améliorer la situation des rapports entre fermiers et propriétaires. L'initiative des uns et des autres doit jouer ici un rôle prépondérant.

I. — Syndicats agricoles. — Caisses Raffeisen. Sociétés d'assurances.

Cette initiative s'appliquera d'abord utilement à multiplier les syndicats agricoles, les caisses Raffeisen, les sociétés d'assurances de toutes sortes. Ces associations, ces groupements, ces sociétés, dirigés par des hommes sérieux, intelligents et dévoués rendront de grands services à la cause de l'agriculture et résoudront plus facilement que le législateur les grands problèmes qui intéressent les cultivateurs, comme par exemple celui du Crédit agricole (1).

C'est aussi à l'initiative privée qu'il appartiendra de susciter, suivant les besoins et les intérêts de chaque contrée, diverses clauses nouvelles dans la rédaction des baux. Nous n'avons pas la prétention de donner une énumération complète de ces clauses, nous en indiquerons seulement quelques-unes, mais auparavant il nous semble intéressant de faire connaître les divers systèmes préférés par des hommes compétents à celui de l'indemnité de plus-value.

II. — Systèmes remplaçant celui de l'indemnité de plus-value.

1º *Le Pas-de-Porte.* — Le premier système pourrait s'appeler le système du « Pas-de-Porte. » Le mérite de l'invention en revient à M. Gustave Lange, vice-président du Syndicat agricole de la Seine-Inférieure. M. Lange propose de faire une loi permettant au fermier sortant de céder

(1) Il peut être utile de signaler ici l'exemple qui nous est donné déjà par la Belgique, où l'organisation encore récente du Crédit agricole produit cependant d'excellents résultats par suite du concours et de l'appui accordés à l'initiative privée par les pouvoirs publics. (Voir la loi du 15 avril 1884 sur les Prêts agricoles, modifiée par celle du 21 juin 1894. *Moniteur Belge* du 29 avril 1884 et du 25-26 juin 1894.) — On consultera aussi avec intérêt à ce sujet le *Manuel des Sociétés coopératives de Crédit agricole*, publié en 1896 par la Caisse générale d'Épargne et de Retraite de Belgique.

la plus-value, évaluée à titre d'experts, à son successeur qui ne pourrait la refuser. S'il y avait moins-value, les rôles seraient renversés.

Pourquoi, dit l'auteur de ce projet (1), différerait-on entre le capitaliste urbain et le capitaliste rural ? Je loue un magasin en ville, mon commerce prospère, je me retire des affaires. A mon successeur, je vends les marchandises restantes au prix de facture, et je lui cède le « Pas-de-Porte » (clientèle) pour la somme de tant. Le propriétaire de l'immeuble a-t-il été mêlé à cette transaction ? Nullement. Le magasin représente cependant le capital avec lequel le commerçant a su attirer une nombreuse clientèle par son intelligente administration, et le « Pas-de-Porte » est la plus-value créée par le commerçant.

Ce système, que son auteur a mis en projet de loi (2), présente suivant lui des avantages incontestables : 1° Régularisation des fermages d'une même contrée selon la classe des terres ; 2° plus grande fixité de loyers ; 3° suppression de l'antagonisme entre propriétaires et fermiers ; 4° possibilité de la culture intensive ; 5° prospérité ininterrompue de l'agriculture ; 6° plus d'épuisement des terres par le fermier sortant.

(1) *Journal de l'Agriculture*, 1891, t. II, p. 729.

(2) Art. 1er. — A tout bail de ferme enregistré sera joint un état de lieux détaillé : 1° des immeubles ruraux et clôtures, en ce qui concerne l'entretien locatif suivant les usages locaux ; 2° de l'état cultural, de fertilité et de propreté des terres.

Art. 2. — Pendant la dernière année, à fin de bail, l'occupant, le futur remplaçant et le juge de paix (ou bien le président du tribunal ou le syndicat agricole de la localité) nommeront chacun un expert. Ces trois experts devront visiter les cultures au moins trois fois dans le courant de l'année, avant les ensemencements d'automne, de printemps, et à la récolte. A chaque fois un procès-verbal succinct sera dressé. Avant le départ du fermier, les experts devront : 1° fixer le chiffre de l'indemnité que celui-ci doit donner à son successeur, s'il a amoindri la valeur du fonds ou mal entretenu la partie locative des immeubles ; 2° ou bien établir la valeur de la plus-value que le fermier entrant devra verser à son prédécesseur, en une seule ou plusieurs fois.

Nous ne nions pas ces avantages, mais nous redoutons de grandes difficultés pour la mise en pratique de ce système. Les expertises exigées pour constater l'état des terres à la prise et à la sortie du bail, coûteront d'abord très cher, elles entraîneront le fermier à de très grands frais qui risqueront d'être faits en pure perte, si une plus-value n'est pas constatée à la fin du bail. Et puis, entre l'époque de la première expertise et celle de la seconde, il peut s'être écoulé un grand nombre d'années, douze, dix-huit ans peut-être ; les éléments d'appréciation ne seront plus les mêmes, les experts peuvent avoir changé, les conditions économiques aussi. De plus, comme nous l'avons déjà dit, il n'y a guère que l'état de propreté des terres qui soit réellement appréciable, car la différence entre une terre couverte de mauvaises herbes et celle purgée de toutes plantes parasites et parfaitement nettoyée est tangible, visible à l'œil nu ; il en est tout autrement de la richesse en fumiers, en engrais ; comment constatera-t-on la quantité et surtout la qualité du fumier qui aura été mis en surcroît, pourra-t-on doser infailliblement le degré de plus grande fécondité produite par l'introduction des engrais commerciaux.

2° *Clause de lord Kames*. — Un second système est celui préconisé par lord Kames. Il conseille d'insérer dans les baux à ferme une clause par laquelle le preneur se réserve le droit d'offrir au bailleur, en fin de bail, une augmentation de tant pour cent sur l'ancien fermage ; si le bailleur accepte, le bail est renouvelé dans ces nouvelles conditions ; s'il refuse, il doit payer une somme égale à dix fois le montant de l'augmentation annuelle offerte.

Ce système séduit au premier abord, mais il présente des inconvénients, la difficulté de distinguer les causes de la plus-value et de discerner la part pour laquelle cette plus-value est due aux améliorations réalisées par le preneur lui-même, et celle pour laquelle elle est due à des causes étrangères au fermier.

3° Avance des semences et engrais par le propriétaire. — Suivant M. A. Garnier, de l'Ille-et-Vilaine, le bailleur pourrait s'obliger à fournir chaque année au preneur les semences de variétés améliorées, les engrais complémentaires azotés, phosphatés, calcaires et potassiques qui seraient employés sur les terres ensemencées en culture dont le produit moyen annuel aurait été stipulé dans le bail. Lors de la récolte, le propriétaire prélèverait d'abord le prix des avances qu'il aurait faites pour l'achat des semences et des engrais qu'il aurait fournis ; le preneur prélèverait ensuite le produit moyen par hectare de chaque culture fixé dans le bail, et enfin le surplus serait partagé par moitié entre le bailleur et l'exploitant.

Le bail devrait, en outre, stipuler expressément que le preneur serait tenu d'entretenir sur la ferme louée un certain nombre de têtes de bétail, dont le minimum et le maximum seraient fixés, et de cultiver chaque année un même nombre d'hectares en culture de plantes alimentaires, fourragères et industrielles ; cette quantité ne pourrait être augmentée ni diminuée sans le consentement des parties contractantes.

Preneur et bailleur, d'après ce système, auraient un intérêt commun, celui d'entretenir toujours le domaine loué en bon état de fertilité, afin d'en obtenir le maximum de rendement.

Cependant nous pensons avec M. Labitte, président du Syndicat agricole d'Aire-sur-la-Lys (Pas-de-Calais), que ce système n'est pas pratique. D'une part, il nécessiterait pour son application la présence du propriétaire lors du prélève-

ment et du partage de l'excédent des produits, opération
qui produirait dans ce Contrat de Louage l'entrecroisement
et la combinaison difficiles des règles du bail à ferme avec
celles du colonage partiaire. D'autre part, il faudrait annexer
à la ferme un laboratoire de chimie, avec un directeur sur-
veillant, pour être certain de ne pas être trompé.

Il est à croire aussi que les propriétaires seraient peu
disposés à avancer les fonds nécessaires à l'achat de ces
semences et engrais, la baisse des fermages qui sévit depuis
quinze ans ayant amené chez beaucoup d'entre eux une
gêne incontestable.

4° Baux à primes. — M. de Gasparin conseille au bailleur, dans l'intérêt de l'amélioration du sol, de s'engager
à tenir compte au preneur à la fin de son bail d'une prime
convenue à l'avance s'il exécute des améliorations prévues
par les deux parties, ou encore s'il augmente le nombre des
têtes comprenant le cheptel.

Ce mode de procéder nous paraît devoir être recommandé,
car tout en respectant entièrement la liberté du bailleur
comme celle du preneur, il évite les difficultés et les tâton-
nements des expertises par la fixation d'une prime convenue
à l'avance.

5° Rachat des années de jouissance. — Très pratique et
très équitable aussi nous paraît être le système introduit en
France par Mathieu de Dombasle, et en Angleterre par lord
Coke d'Holkam. Voici l'économie de ce système : Le preneur qui a commencé à faire des améliorations, ou qui veut
en entreprendre de nouvelles pour l'amortissement desquelles les années de bail restant à courir ne sont pas assez
nombreuses, propose au bailleur une prolongation de son
bail pour une durée égale aux années écoulées; si les deux
parties tombent d'accord, le bail peut être ainsi renouvelé à

plusieurs reprises et même indéfiniment; si l'accord ne
peut se faire, le preneur averti que la jouissance se termi-
nera à une époque fixée, cherche à tirer le meilleur parti
des améliorations faites par lui (1).

III. — Arrangements divers entre les propriétaires et les fermiers.

Indépendamment de ces différents systèmes généraux
proposés pour le remplacement de l'indemnité de plus-
value, il existe encore de nombreux arrangements possibles
entre propriétaires et fermiers, dont la combinaison avec les
règles des baux à ferme peut adapter ceux-ci aux nécessités
de la culture, telle qu'elle se présente dans les différentes
régions de la France, où le fermage est en vigueur.

1° *Clauses particulières.* — En ce qui concerne d'abord
la plus-value elle-même, les parties peuvent convenir qu'elle
donnera seulement lieu à indemnité quand elle sera produite
par des améliorations ne présentant pas un caractère purement agricole, et entreprises avec le consentement du bailleur. Ou bien encore, on concédera au fermier le droit d'être
préféré lors du renouvellement du bail, s'il y a plus-value
de fermage reconnue de son fait, et dans ce cas moitié de
cette plus-value pourrait lui être accordée pendant un certain temps.

Inversement, rien n'empêche un propriétaire d'imposer à
son fermier certains travaux d'amélioration, assainissements, défoncements et autres, comme conditions d'une
prolongation de bail qui assurerait au fermier la jouissance

(1) C'était la clause de l'art. 5 du projet de loi de 1888 (Députés du Nord :
Tristram, Lecomte, etc.), mais elle fut rejetée du projet élaboré par la Société
des Agriculteurs du Nord. — Ce que l'on veut donc, comme nous l'avons déjà
fait remarquer, ce ne sont pas les longs baux, mais l'indemnité.

de ces améliorations et le profit qu'elles doivent donner pendant un certain nombre d'années.

En dehors de la question de plus-value proprement dite, il peut y avoir et il y a souvent, à la fin du bail à ferme, comme nous l'avons dit, des réglements de comptes entre le fermier entrant et le fermier sortant relativement aux arrière-engrais que le fermier entrant reprend à tant l'hectare.

Le propriétaire peut aussi, pendant le cours du bail, faire faire à ses frais sur les terres de l'exploitation des améliorations foncières, telles que le drainage, les irrigations, la mise en culture de bois ou de landes, et le preneur, d'après les clauses du bail, serait tenu de payer annuellement au propriétaire un intérêt du capital employé pour ces travaux dont le tant pour cent serait stipulé d'avance. Il en serait de même pour les nouvelles constructions faites par le bailleur sur la demande du fermier, les anciens bâtiments étant devenus insuffisants par suite d'une augmentation de bétail ou pour toute autre cause.

Le bail peut contenir dans une de ses clauses la reconnaissance de l'état des terres faite par le preneur qui les déclare en bon état de culture et d'entretien.

Une autre clause peut réserver au propriétaire le droit de surveiller la jouissance du fermier pour la régularité des fumures.

Dans la rédaction et l'exécution des baux à ferme, il faut avant tout chercher à supprimer les intermédiaires, officiers ministériels et agents d'affaires, car de cette suppression naîtront des rapports personnels et fréquents entre les propriétaires et les fermiers, moyennant lesquels ces derniers souffriront volontiers une surveillance plus complète. Les parties se connaissant davantage éprouveraient moins de difficulté à déterminer les conditions d'exercice de leurs droits réciproques, un champ plus vaste serait laissé à l'initiative de chacun. De-ci, de-là surgissent déjà des formules spéciales de clauses nouvelles, variant suivant les milieux ; il est à désirer que ces formules passent peu à peu dans l'usage et deviennent pour chaque région la base de rédaction d'une espèce de bail-type (1).

2° *Renouvellement des baux avant leur terme et Généralisation des baux de longue durée.* — L'indemnité de plus-value aurait, suivant ses partisans, l'immense avantage d'empêcher en fin de bail l'épuisement des terres par le fermier. Certain de recouvrer toutes ses dépenses, il continuerait alors à cultiver d'une manière normale. On peut aussi obvier à cet inconvénient par un autre moyen ; celui du renouvellement du bail deux ou trois ans avant la date convenue pour son expiration ; de cette manière, le fermier pourra fumer et travailler les terres sans craindre d'être expulsé avant que les engrais mis dans le sol soient épuisés ou que les façons et labours aient produit tous leurs effets.

Mais si l'on veut vraiment favoriser les progrès agricoles, il faut s'attacher à généraliser le plus possible les baux à long terme. Seuls ces baux donnent le temps au fermier de retirer le fruit de ses dépenses et de ses peines, et tous les agronomes sont unanimes à reconnaître les immenses avantages des longs baux. — « Rien à mon avis, disait M. du
» Miral dans son rapport de 1870, n'est de nature à faire
» progresser l'agriculture et à encourager les améliorations
» agricoles de la part des fermiers, comme la longue durée
» des baux : pas un fermier prudent n'entreprendra la

_____

(1) Nous avons déjà mentionné, dans ce genre, les projets de baux élaborés par les Sociétés d'Agriculture de Meaux et de Soissons. (V. suprà, p. 187 et s.)

» transformation d'une grande propriété rurale, s'il n'en-
» trevoit la possibilité, au moyen de la durée de son bail,
» de récupérer, dans les dernières années de son fermage,
» les avances qu'il aurait faites dans les premières
» années (1). »

Le secret des améliorations agricoles véritablement pro-
fitables au propriétaire et au fermier se trouve dans cette
prolongation de la durée des baux; cependant ici encore il
faut respecter les droits des uns et des autres : « On l'a
» fait observer avec raison, dit M. Baudrillart, un proprié-
» taire ne peut pas aliéner pour un laps de temps indéfini,
» pour la vie d'un homme, le domaine qu'il possède. Le
» propriétaire perdrait, avec un tel engagement, les justes
» accroissements du fermage qu'il est en droit d'attendre
» de l'augmentation continue de la richesse publique et du
» développement de fécondité qu'une bonne culture doit
» imprimer à sa terre. Toutefois entre le bail de trois, six
» ou neuf ans, et le bail emphythéotique il y a une large
» marge ouverte. Tout fermier qui ne dispose pas d'une
» quinzaine d'années au moins ne peut rien entreprendre
» de sérieux (2). »

Comme garantie des droits du propriétaire, nous propo-
serions de stipuler dans la conclusion de tels baux que le
taux du fermage au lieu d'être fixe et invariable suivrait et
réfléterait les oscillations du marché, variant suivant les
moyennes des mercuriales, comme cela se pratique en Allemagne. D'un autre côté, relativement au fermier, pour ne
pas le forcer, au cas de revers ou de malheurs personnels,
à rester un long espace de temps dans une ferme qu'il ne

(1) Rapport lu dans la séance du 18 mars 1870. — (Enquête agricole. —
Documents généraux, t. IV, p. 402.)

(2) BAUDRILLART. — Les Populations agricoles de la France, p. 301 et 305.

pourrait plus gérer avantageusement, il serait bon de déclarer qu'il sera loisible au locataire de faire fin de bail à l'expiration de la sixième ou de la douzième année, en prévenant le bailleur un an à l'avance.

De cette façon, les intérêts du propriétaire et du fermier seraient également sauvegardés. D'ailleurs la fixation de la durée des baux ne devra jamais ressortir du domaine de la loi, elle restera toujours une condition à débattre entre les parties, de telles clauses devant rester purement conventionnelles.

Cependant l'État aurait un rôle important à remplir dans cette question ; sa tâche utile et féconde consisterait à encourager la conclusion de longs baux en déclarant que les droits d'enregistrement sur les baux à ferme de plus de neuf années se calculeront en proportion décroissante de la durée des baux, comme le demandait M. Gagneur dans son projet de loi de 1870.

Dans le même ordre d'idées, celui de la longue possession du sol par le fermier, nous recommandons aussi comme devant donner les meilleurs résultats la pratique de certains propriétaires qui, satisfaits de la culture de leurs tenanciers actuels, prennent l'engagement pour le cas où ils viendraient à décéder pendant le cours du bail, de donner la préférence à leurs enfants lors de la conclusion du nouveau bail. Forts de cette assurance, ces fermiers n'épargneront pas leurs travaux et leurs dépenses, s'ils savent qu'après eux, au lieu d'aller à des étrangers, la terre sera cultivée par leurs enfants qui retireront le fruit des labeurs et des sueurs de leurs parents.

C'est pourquoi le propriétaire intelligent et prévoyant s'efforcera toujours de garder sur ses terres, de père en fils, la même famille de fermiers. Le fermier héréditaire

s'attache au sol, et le cultive avec affection, son intérêt étant
à la fois de le ménager et de le féconder. Ce conseil est
d'ailleurs renouvelé des Romains; Columelle nous apprend
en effet que cette fidélité et cet attachement à ses serviteurs
furent la source de la grande opulence du riche Volusius (1),
mais pour obtenir cette fixité à la même terre, cet attachement au sol qui l'a vu naître, le propriétaire doit conserver
une grande aménité exempte toutefois de faiblesse, dans ses
rapports avec ses fermiers, et suivre encore en cela les con-
seils de Columelle qui lui recommande « d'être plus exigeant
pour le travail du fermier que pour son fermage, et de ne
pas abandonner entièrement ce qui lui est dû, car Alphius
avait coutume de dire qu'une bonne créance devient mauvaise quand on la laisse sommeiller (2). »

C'est donc beaucoup plus par la bonne entente entre propriétaires et fermiers, c'est-à-dire par l'amélioration des
mœurs plutôt que par celle de la loi que sera résolue la
question de l'indemnité de plus-value; elle n'est elle-même
qu'une des formes multiples de la question qui préoccupe
le monde actuel, de la question sociale. La crise dont souffre
l'agriculture n'a pas pour cause le défaut de disposition
législative sur le droit du fermier sortant à l'indemnité de
plus-value; chercher cette cause dans le Code civil c'est la
chercher à coté et là où elle n'est pas. Il ne faut pas s'éton-
ner du reste des accusations adréssées à ce Code, nous
vivons dans un temps de critiques et de réformes à outrance,

(1) « Sed et ipse nostrâ memoriâ veterem consularem, virumque opulentis-
» simum L. Volusium asseverantem audivi, patrisfamilias felicissimum fundum
» esse, qui colonos indigenas haberet, et tamquam in paterna possessione
» natos jam inde á cunabulis longâ familiaritate retineret. — *Ita certe mea*
» *fert opinio rem malam esse frequentem locationem fundi.* » (COLUMELLE,
lib. I, c. VII, *Jug.*)

(2) COLUMELLE, *Jug.* lib. I, c. VII.

mais si quelques-unes sont fondées et nécessaires, d'autres peuvent être fausses et dangereuses.

Réformons les mœurs avant de réformer les lois ; les bonnes mœurs nous dispenseront des lois, mais les lois ne remplaceront jamais les bonnes mœurs. Rappelons aux propriétaires fonciers et aux fermiers leurs devoirs non seulement envers la terre, mais leurs devoirs réciproques, et l'accomplissement de ces devoirs sera la meilleure sauvegarde de leurs droits.

TABLE DES MATIÈRES

Pages

Index bibliographique 7

INTRODUCTION. 11

I. — Sens donné dans cette étude au mot « Améliorations ». . 11

II. — Limites dans lesquelles le fermier peut faire des améliorations sur les lieux loués. 12

Division de l'étude. 17

CHAPITRE PREMIER

De l'indemnité au fermier sortant.

**Dans le Droit Romain. — Dans l'Ancien Droit. — Dans le Droit Moderne. — Devant les Chambres françaises.
Devant les Sociétés agricoles. — En Législation étrangère.**

SECTION I. — Droit Romain 19

SECTION II. — Ancien Droit 23

SECTION III. — Droit Moderne 30

   § 1. — Code Civil 30

   § 2 — Doctrine 30

   § 3. — Jurisprudence 31

Situation juridique faite actuellement au fermier qui a apporté des améliorations aux terres louées. 35

SECTION IV. — Documents parlementaires français. . . . 37

Pages.

SECTION V. — L'indemnité au fermier sortant devant les Sociétés agricoles 44

SECTION VI. — Législation étrangère 50

    Angleterre 50

    Portugal 58

    Belgique 59

    Espagne 59

    Allemagne 60

CHAPITRE II

Des améliorations qui peuvent être enlevées du sol
ou
Des constructions et plantations.

SECTION I. — Exposé sommaire des systèmes en présence. . . 67

SECTION II. — Droits du bailleur et du fermier sur les constructions et plantations durant le cours du bail 69

    § 1. — Système appliquant l'accession 69

    § 2. — Système rejetant l'accession 71

    § 3. — Jurisprudence. 74

    § 4. — Système admis 75

SECTION III. — Droits du bailleur et du fermier sur les constructions et plantations a la fin du bail. . 79

    § 1. — Systèmes appliquant l'art. 555. 79

    § 2. — Systèmes rejetant l'art. 555 80

    § 3. — Jurisprudence 82

    § 4. — Système admis 82

I. — Le bailleur ne peut, en fin de bail, obliger le fermier à maintenir ses ouvrages. 82

II. — Mais il peut en exiger l'enlèvement 84

III. — Si les travaux subsistent après le bail, le bailleur ne peut les conserver sans payer une indemnité au fermier. . 89

IV. — Preuve. — Évaluation de l'indemnité. — Droit de rétention. 95

APPENDICE I. — De l'Enregistrement 99

Pages.

APPENDICE II. — Constructions et plantations résultant d'un
abus de jouissance. 101

CONCLUSION DU CHAPITRE II. 104

CHAPITRE III

Des améliorations qui ne peuvent être enlevées du sol
ou
Des améliorations culturales et foncières.

Classification de ces améliorations et situation juridique actuelle
du fermier à leur égard. 107

SECTION I. — Propositions de lois françaises relatives a l'indemnité de plus-value. 112

I.   — Proposition de M. Lecomte (23 novembre 1889) . . . 112

II. — Proposition de MM. Thellier de Poncheville, de Mun, etc.
       (28 novembre 1889). 113

III. — Proposition de M. Dugué de la Fauconnerie (29 mars 1890). 115

IV. — Proposition de M. Lechevallier (20 janvier 1894) . . . 116

V.   — Proposition de M. Dubois (14 décembre 1893). . . . 116

SECTION II. — Essai de justification de l'indemnité de plus-value. 120

§ 1. — *Arguments juridiques.* 120

I.   — Ancien Droit 120

II. — Assimilation du preneur au possesseur de mauvaise foi . 120

III. — Réciprocité 122

IV. — Équité. 123

§ 2. — *Arguments économiques* 124

I.   — Devoir du propriétaire envers la terre. 124

II. — Intérêt général. 125

III. — Crédit agricole 130

IV. — Longue durée des baux 131

§ 3. — *Loi Anglaise.* 131

SECTION III. — Critique de l'indemnité de plus-value . . . 133

§ 1. — *Arguments juridiques* 133

	Pages.
I. — Ancien Droit.	133
II. — Droit Moderne	134
III. — Assimilation du preneur au possesseur de mauvaise foi	135
IV. — Réciprocité	137
V. — Équité.	140
§ 2. — *Arguments économiques*	151
I. — Intérêt général et devoir du propriétaire envers la terre	151
II. — Crédit agricole.	162
III. — Longue durée des baux	165
§ 3. — *Loi Anglaise.*	165
§ 4. — *Autres critiques adressées à l'indemnité de plus-value*	170
I. — Ruine des petits propriétaires.	170
II. — Difficulté d'appréciation de la plus-value.	171
III. — L'indemnité obligatoire	177
SECTION IV. — CONCLUSION.	181

MESURES PROPRES

AU RELÈVEMENT DE L'AGRICULTURE FRANÇAISE.

§ 1. — *Mesures législatives*	191
I. — Protection du marché intérieur	192
II. — Répression de l'agiotage	192
III. — Réforme des impôts	193
IV. — Représentation de l'agriculture	193
§ 2. — *Mesures particulières.*	193
I. — Syndicats agricoles. — Caisses Raffeisen. — Sociétés d'assurances	194
II. — Systèmes remplaçant celui de l'indemnité de plus-value	194
III. — Arrangements divers entre les propriétaires et les fermiers	199

— Lille. Typ. A. Taffin-Lefort. 1897. —